나라가 버린 사람들

논개부터 임경업까지 소설로 기억된
조선시대 전쟁과 인간

나라가 버린 사람들

서신혜 지음

문학동네

차례

책을 관통하는 시선

조선 중기 우리나라와 관련된 전쟁 일지를 정리해보면 막연히 생각했던 것보다 훨씬 더 놀라운 결과를 마주하게 된다. 익히 잘 아는 임진왜란에는 정유재란도 포함되고, 또 얼마 안 되어 조선은 정묘호란과 병자호란이라는 큰 전쟁도 치러야 했다. 조선 사람들은 그 외에도 많은 전쟁을 겪었다. 남의 나라가 자신의 이익을 위해 싸울 때, 조선은 어쩔 수 없이 자국 백성을 파병해야 했기 때문이다. 1592년부터 1658년까지 일어난 전쟁을 이 시기 중요한 사건과 함께 정리해 보면 다음과 같다.

1592년	4월 왜군의 부산 상륙으로 임진왜란이 시작되다.
1597년	협상을 통해 철수하는 모습을 보였던 왜군이 재침입하면서 정유재란 발발. 1598년 종전.

1619년 명나라가 후금을 칠 때 명의 요청으로 강홍립 대장군의 지휘하에 1만 5000명의 군사를 파병하다. 심하전투에서 상당수 조선 군사가 몰살당하거나 포로가 되다.

1627년 정묘호란 발발. 후금에 패배하고, 후금과 형제국이 되기로 하다.

1636년 4월 후금이 나라를 정비하고 국호를 청으로 바꿈. 12월부터 1637년 1월까지 이어진 병자호란에서 청에 패배하고 청과 군신국이 되기로 하다.

1637년 2월 청의 요구로 가도 평북 철산군 공격에 파병.

1640년 청이 명의 개주를 칠 때 청의 요구로 파병.

1641년 개주전투에 이어 금주전투에도 참여. 유림 대장군의 지휘하에 화기부대를 중심으로 1500명의 군사를 파병하다.

1644년 명나라 멸망.

1654년 청이 러시아를 칠 때 청의 요청으로 100여 명 규모의 화기 부대를 파병해 러시아 군을 정벌. 이를 1차 나선정벌이라 한다. 대장군은 변급.

1658년 2차 나선정벌. 화기 부대를 중심으로 200여 명을 파병했으며 대장군은 신류.

섬나라 왜가 한반도 남쪽에 침입해 노략질하며 문제를 일으킨 것은 이미 고려시대에도 있던 일이고 조선시대 초까지도 계속 있던 일이다. 그러다 결국 왜란이 일어났다. 장장 10여 년에 가깝게 전쟁이 이어졌다. 거기서 끝이 아니다. 명나라는 부패하고 후금은 강성해지면서 그 옆에 붙어 있던 조선은 변화를 겪을 수밖에 없었다. 아직 임진왜란의 폐허에서 다 일어서지 못한 상태였으나, 임란 때 원병을 보내주었으니 후금을 치는 전쟁에 파병해달라는 명나라의 요구를 조선은 거절할 만한 처지가 아니었다. 하지만 후금은 명나라가 생각했던 것보다 훨씬 강했고 명나라는 이 전쟁에서 전군이 몰살하다시피 했다. 이 전쟁에서의 패배가 명나라의 멸망에 결정적 영향을 미쳤다는 것이 학자들의 일반적인 의견이다. 어쨌든 조선은 이 전쟁에 전국의 군사들을 '빗자루로 쓸다시피' 하여 보냈고 그들 대부분이 죽거나 포로가 되었다. 그 패전지의 이름을 따서 우리는 이 전쟁을 심하전투라 부른다. 또 이후에는 후금, 혹은 후금에서 이름을 바꾼 청의 공격을 받거나 청의 파병 요구에 응할 수밖에 없었던 것이 조선이다. 그래서 여러 번 원하지 않은 전쟁을 했다.

앞에서 정리한 연표를 보면, 짧은 기간에 많은 전쟁이 있었던 것을 알 수 있다. 임진왜란이 1592년에 일어났으니 조선시대 어떤 사람이 열 살쯤 됐을 때 왜란을 겪었다면, 요행히 그 전쟁에서 살아남았다 해도 그는 40~50대에 또 그 지긋지긋한 전쟁을 겪어야 했을 것이다. 또 1600년쯤에 태어난 사람이라면 20대에 큰 전쟁, 즉 정묘호란을 한 번 겪고 이후 자질구레한 전쟁을 겪다가 1630년대 중반, 즉 마흔이 되기도 전에 끔찍한 병자호란을 다시 겪어야 했을 것이다. 그리고 이후 10~20년 동안 온갖 종류의 징병에 동원되거나 징병을 피하기 위해 갖은 노력을 다해야 했을 것이다.

그러다 어느새 늙고 지친 몸으로 죽어가야 했던 것이 조선 중기에 살았던 조선 사람의 현실이었다. 한마디로 17세기 초 조선 남자는 거의 평생 동안 전쟁에 참여할 수밖에 없었다. 당시 인구도 별로 많지 않았을 뿐만 아니라 군인이 따로 있었던 것도 아니라, 농사짓던 양민 남자가 어느 날 군사로 징용되는 판국이었다. 상대적으로 전쟁터에 가까운 북쪽에 사는 남자는 징병에 빠지는 경우가 드물었다. 그들의 평생은 전쟁이었다. 그렇게 살고 싶어서 그렇게 산 사람은 하나도 없겠지만 그렇게 살고 싶지 않아도 피할 도리가 없었을 테니 그것이 바로 그 시대에 살았던 사람들이 겪은 고통이자 아픔이었다. 전쟁은 멀리서 보면 수많은 전투로 기록되는 역사적 '사실'에 불과할지 모르나, 가까이서 보면 피와 살을 지닌 사람들의 아픔과 이별과 죽음이 증언하는 존재론적 '진실'로 다가온다.

이들에게 전쟁은 무엇인가? 그리고 국가란 무엇인가? 이 책에서 우리는 고소설과 사료를 통해 당시의 전쟁과 그 전쟁에 얽힌 사람들의 이야기를 함께 살펴볼 것이다. 전쟁이라는 극한 현실을 마주한 인간과 국가의 역사를 되짚을 것이다. 그리고 그 과정에서 우리는 시간이 지나도 쉽사리 답을 얻을 수 없는 한 가지 질문을 붙든 채 '오늘'로 되돌아올 것이다. '인간다움이란 무엇인가?' 우리는, 그리고 사회는 그 인간다움을 지키기 위해 무엇을 해야 할 것인가?

버려졌다 불려 나온 여인들

: 계월향과 논개 이야기

남기는 이름, 기억되는 이름 | 임진왜란과 평양성전투 | 배신과 은폐 | 「임진록」 속 계월향과 김경서 | 왜놈은 얼레빗이요, 천병은 참빗이라 | 버려졌다가 다시 충렬의 화신으로 등극한 계월향 | 논개를 호명하다 | 시대의 요청이 개인의 역사를 규정하다

계월향 이야기

계월향은 임진왜란 당시 평양성을 정복한 왜장의 총애를 받는 기생이었는데 조선의 장수 김경서와 짜고 그를 친오빠라 소개하여 성안에 들어오게 해 왜장을 죽이도록 했다. 김경서는 처음에는 왜장을 죽이게 도와주면 그녀가 성에서 빠져나갈 수 있도록 도와주겠다고 약속했지만, 막상 왜장을 죽이고 나서는 둘 다 빠져나가기는 어려울 것이라며 계월향을 죽이고 혼자 빠져나왔다. 왜장의 죽음을 안 왜병들의 기세가 꺾였다.

논개 이야기

논개는 진주의 관기였다. 1593년 왜병이 진주성을 함락했을 때 왜장을 유인해 그를 끌어안고 남강에 몸을 던져 함께 죽었다. 죽음 직후에는 그에 관한 공식 기록이 없었는데 100년도 훨씬 지난 후에야 그의 행적이 알려지고 기록에 남겨져 열녀로 인정받고 사당이 건립되었다.

남기는 이름, 기억되는 이름

호랑이는 죽어서 가죽을 남기지만 사람은 죽어서 이름을 남긴다는 말로 미루어 보면, 사람이 가진 궁극의 욕구, 궁극의 성공은 명예를 얻는 일이다. 사람이 평생을 두고, 혹은 죽고 나서까지도 가장 가치 있게 여기는 것이 이름이라는데, 어떤 이름을 남기는 것이 좋을까? 많은 사람이 알기만 하면 좋은 것인가, 혹은 악인으로 기억되지만 않는다면 어떻게든 이름을 남기는 것은 좋다고 할 수 있을까?

이런 물음을 마음에 품은 채, 임진왜란 무렵에 살았던 두 여인에 대한 이야기를 해보려고 한다. 평양에 살았던 계월향과 진주에 살았던 논개가 그 주인공이다. 논개에 대해서는 더 설명이 필요 없을 줄 안다. 왜장을 안고 남강에 동반 투

작자 미상, 〈평양성탈환도〉, 국립중앙박물관 소장.
1차 평양성전투 패배 후 이여송을 대장으로 한 명군과 김명원을 대장으로 한 조선군이 연합하여 사흘 동안 싸워 평양성을 탈환하였다. 이 그림은 이 2차 평양성전투를 표현한 것이다.

신했다는 사실로 논개는 지금까지도 충성의 표상으로 잘 알려져 있다. 계월향에 대해서는 익숙하지 못한 사람이 많을 것이다. 주요 행적과 죽은 시기도 계월향이 먼저고 논개가 나중이니 먼저 계월향의 삶부터 살펴보자.

임진왜란과 평양성전투

1592년 4월 13일 왜군이 부산에 상륙하여 임란이 시작되었다. 조선 조정에서 허둥대며 제대로 대응하지 못하는 사이 왜군은 빠르게 북진했다. 관군은 신립

장군을 중심으로 싸움의 대열을 간신히 갖추어 4월 28일 충주 탄금대에서 싸웠지만 전멸했다. 선조는 곧 몽진길에 올랐다. 여차하면 명나라로 건너가려 할 만큼 겁에 질려 있었다. 왜군은 전쟁 발발 한 달도 채 되지 않은 5월 2일에 한양을 접수했고, 고니시가 이끄는 왜군 1군이 6월 13일에 평양을 점령했다. 다른 장수가 이끄는 군대들은 동시에 동북진하며 나머지 지역 정복을 계속했다. 전쟁 발발 두 달 만에 왜가 국토의 거의 대부분을 차지했으니 기세대로라면 나머지 국토까지 전부 왜가 차지하고 전쟁을 승리로 끝낼 가능성이 높아 보였다. 하지만 이후 1597년에 이르기까지 종전협상이 지루하게 전개되었다. 초반의 파죽지세가 갑자기 꺾이게 된 계기는 평양성전투였다.

왜란 초기 조정에서는 명나라에 긴급 파병을 요청했다. 명나라는 여러 논의를 거치기는 했지만 신속하게 파병했다. 명나라의 경우 순망치한, 즉 입술의 역할을 하는 조선이 사라지면 왜라는 바람을 바로 맞게 되어 골치 아파질 거란 계산도 있었을 것이다. 명나라 선발대 1000여 명이 1592년 6월 15일(이날은 왜군이 평양성을 점령한 지 단 이틀 후였음도 눈여겨볼 만하다) 압록강을 건너는 것을 시작으로 명군은 몇 차례로 나누어 조선에 들어왔다.

당시 조그마한 나라였던 조선만 해도 왜를 늘 무시했다. 역사적으로 불교, 유교, 심지어 도예기술까지 우리가 전수해주었으니, 왜는 늘 문화적으로 미개한 나라라고 여겼다. 큰 문제 일으키지 말고 살라고 적당히 여러 물건을 교역하며 통제하면 되는 나라라 여겼다. 조선이 그랬을진대, 자신들이 세계의 중심이라고 여긴 명이 왜를 무시한 것은 어쩌면 당연해 보이기까지 한다. 그러니 명에서 보낸 장수들은 왜에 대한 대비가 제대로 되어 있지 않았다.

간혹 평양성전투가 한 번만 있었던 것으로 생각하는 사람들이 있지만 그렇지 않다. 1차 파병 명군 장수는 조승훈祖承訓이었다. 그는 1592년 7월에 평양을 공격하지만 왜를 무시하고 제대로 살피지 않은 탓에 패하고 말았다. 『선조수정실록』 25년1592 7월 1일에 1차 평양성전투의 패전에 대한 기록이 있다. 이 기사를 통해 당시 조승훈이 왜를 어떻게 생각했는지, 어떻게 패했는지, 이후 무슨 일이 있었는지까지 다 알 수 있다.

> 조승훈은 본래 용맹스러운 장수로 오랑캐들과의 전투에 익숙했으므로 왜적을 가볍게 여겼으며, 또 평양에 주둔한 왜적의 수효가 적다는 것을 듣고 틀림없이 대승하여 공을 취할 것이라고 여겼다. 그리하여 가산嘉山에 이르러 평양의 왜적이 그대로 있다는 것을 물어서 알고는 술잔을 들어 하늘에 축언하기를 "왜적이 아직도 물러가지 않은 것은 하늘이 나의 성공을 도우려는 것이다" 했다. 이날 순안順安에서 3경밤 11시에서 새벽 1시 사이에 군사를 출발시켜 곧바로 평양성 밖에 다가갔는데 (…) 왜인들이 (…) 성안에서 요소에 웅거하여 군사를 잠복시키고 기다렸다. 두 장수가 군사를 풀어 곧바로 칠성문으로 들어가니 적이 좌우에서 일제히 총을 쏘아댔다. 마침 비가 많이 내려 생긴 진창에 중국의 군사와 말이 빠졌는데, 유격장군 사유史儒가 먼저 탄환에 맞아 전사했다. 총병 조승훈은 급히 퇴각했으나 후군後軍은 대부분 살상을 당했고 (…) 등도 모두 탄환에 맞아 전사했다. (…) 승훈이 남은 군사를 인솔하고 말을 달려 순안과 숙천肅川을 거쳐 밤중에 안주성安州城 밖에 이르러 말을 세우고 성중의 역관을 불러 말하기를 "내가 오늘 적을 많이 죽였지만 불행히도 사유가 전사했고 천시天時가 또한 불리하여

적을 섬멸할 수 없었으니 군사를 더 보태어 다시 진격해야겠다. 너의 재상에게 동요하지 말라고 말하라" 했다. 그러고는 곧장 말을 달려 강 두 곳을 건너 가산에 이르렀는데 비에 막혀 이틀을 머물다가 요동遼東으로 되돌아갔다.

조승훈이 왜군을 무시해서 제대로 살피지 않고 진격했다가 매복하던 왜군에게 조명연합군이 참패한 상황을 적었다. 처음에는 당연히 자기가 이길 줄 알고, 아직 싸울 왜병이 아직 평양성에 있는 것이 하늘의 도우심이라 말했다. 하지만 조승훈은 오히려 싸움에서 크게 지는 상황에 처하자 놀라서 급히 퇴각하고는 부하의 죽음과 천시의 불리함, 즉 날씨가 좋지 않았음을 핑계로 군사를 더 보태어 진격하겠다며 큰소리를 쳤다. 그러다 며칠 만에 비를 핑계로 요동으로 돌아가버렸다. 직접적으로 쓰지는 않았지만, 조승훈의 성급함과 경솔함, 겁먹은 모습, 비겁하게 핑계 대는 모습을 이 글에서도 읽을 수 있다. 그런 명군을 보는 조선 백성들의 답답함과 실망감은 컸고, 조정 신료와 왕도 속이 탔다.

실망은 거기서 그치지 않았다. 계속해서 이런 기사가 나온다. "그런데 승훈이 요진遼鎭에 가서 무고하기를 '한창 전투할 때에 조선 군사 일진一陣이 적진에 투항하였기 때문에 선두가 불리했다'고 했다"는 것이다. 자기의 실수 때문이 아니라 조선군이 먼저 왜군에게 투항하는 바람에 졌다고 핑계를 댔다. 힘없는 나라 조선의 선조는 서둘러 사신을 파견하여 사실을 해명하고 명의 의심을 풀어야 했다.

조승훈의 패배 뒤에야 명은 정신을 차리고 병사를 재정비하게 했다. 그래서 이해 12월에 대장군 이여송이 이끄는 4만 5000여 명 규모의 대군이 조선에 들어왔다. 결국 1593년 1월 6일부터 8일까지 사흘 동안 조명연합군이 대대적인 공격을 하여 평양성을 탈환할 수 있었다. 이 전쟁에서 패배한 후 왜의 기세는 꺾이고 이후는 협상 국면으로 전환된다. 조선은 왜군의 완전 축출을 원했지만, 명은 왜병이 자기들 땅으로 오지 못하도록 조선 땅에 그들을 묶어두기만 하면 되었다. 두 나라의 입장이 달랐기에 협상이 진행되는 동안 조선은 답답하기 그지없었다. 하지만 원병을 요청한 조선은 명에 큰소리를 칠 수 없었고, 협상 역시 명의 주도하에 진행됐다. 이런 이유로 이후에는 별다른 큰 전쟁 없이 몇 년이 흘러갔던 것이다.

배신과 은폐

그런데 평양성전투에 결정적인 공헌을 한 여인이 하나 있었다는 사실을 아는 사람은 많지 않다. 여인의 이름은 계월향으로, 『평양지』에 계월향에 대한 기록이 있고, 그 밖에 성해응1760~1839이나 홍양호1724~1802가 기록을 남겼다. 『연려실기술』에도 기록이 나오지만 이것은 『평양지』에서 가져온 내용일 뿐이다. 대체로 평양 주변 사람들만 알았을 뿐 대부분의 사람들은 그녀의 일을 모르거나 관심을 갖지 않았다. 『연려실기술』에 실린 『평양지』 내용은 이렇다.

> 이때 행장의 부장副將에 뛰어나게 용맹한 사람이 있었다. 언제나 앞장서서 진을 함락시켜 행장이 그를 소중히 여기고 그에게 일을 맡겼다. 평양 기생 계월향

이 그에게 잡혔는데 지극히 사랑을 받아 그를 벗어나려 해도 벗어날 수 없었다. 계월향이 서문에 가서 친척을 보고 오겠다 하니 왜장이 허락했다. 계월향이 성 위에 올라, "우리 오빠 어디 있소" 하고 연거푸 슬피 부르기를 그치지 않았다. 응서가 답하고 가니 계월향이, "만약 나를 탈출하게 해준다면 죽음으로 은혜를 갚겠소" 했다. 응서가 그러마 하고 계월향의 친오빠라 하며 성에 들어갔다.

밤중에 왜장이 깊이 잠든 틈을 타서 계월향이 응서를 인도하여 장막 안으로 들어가니 왜장이 걸상에 앉아서 자는데 벌건 얼굴에 두 눈을 부릅뜬 채 쌍검을 쥐고 있어서 마치 사람을 내리칠 것 같았다. 응서가 칼을 빼 왜장을 베니 머리는 벌써 땅에 떨어졌는데도 칼을 던져 하나는 벽에 꽂히고 하나는 기둥에 꽂혀 칼날이 반이나 들어갔다. 응서가 왜장의 머리를 가지고 문을 뛰쳐나오니 계월향이 뒤를 따랐다. 응서가 둘 다 목숨을 보전하기 어려울 것을 짐작하고 칼을 휘둘러 계월향을 베고 한 몸으로 성을 넘어왔다. 이튿날 새벽에 적이 그 장수의 죽음을 알고 크게 놀라 소란을 피우며 사기를 잃었다.

왜장 소서행장小西行長의 부장 중에 특별히 용맹스러운 장수가 있었다. 소서행장의 신임도 누터워 그에게 일을 나 맡길 정도였나고 『평양지』는 기록했다. 성해응이 쓴 「계월향전」에는 처음 평양성을 점령할 때 가장 먼저 성벽에 올라가 진을 함락시킨 사람이 바로 그였다고 쓰여 있다. 그만큼 조명연합군에게 위협이 되는 사람이었다.

이 장수의 특징은 계월향이라는 기생을 사랑한 것이라 했다. 자기를 사랑해주는 사람이라 해도 적장이니 마음이 좋을 리 없다. 하지만 왜장은 그런 계월향의 속마음은 모른 채 그를 늘 곁에 두었다. 그러던 어느 날 계월향은 친척을 보고 오겠다고 나와서는 성 위에 올라가 "오빠"를 불렀다. 물론 진짜 오빠가 있기 때문이 아니었다. 누구라도 응답해주기를 바라고 간절히 부른 것이다. "연거푸 슬피 불렀다"는 것이 그 사연을 말해준다. 마침 조선군에 있던 장수 김경서가 주변을 경계하다가 이 소리를 듣고 눈치 빠르게 답하여 서로 이야기할 기회를 얻었다. 둘은 약속을 한다. 계월향은 김경서가 성에 들어올 수 있도록 돕고, 김경서는 계월향의 탈출을 돕겠다는 약속이었다. 성해응의 글에 의하면 왜병 장수가 거처하는 곳은 "방어가 무척 견고하여 사람들을 다 물리치고야 통과할 수 있는" 곳이라 "오직 계월향만 출입할 수 있었다"고 했다. 계월향이 김경서를 자기 친오빠라 소개하며 왜장과 만나는 자리를 만들었고, 그가 잠들 때를 살펴 김경서가 왜장을 벨 수 있게 했다. 하지만 이어지는 내용은 김경서가 계월향을 죽였다는 것이다.

처음 둘이 약속할 때 계월향은 "나를 탈출하게 해준다면"이라고 했다. 김경서가 왜장의 머리를 들고 움직이자 계월향도 "따라나섰다"고 했다. 살고 싶어하는 계월향의 마음이 보이고, 계월향이 진정 김경서를 믿고 끝까지 협력했음이 그런 말들에서 잘 드러난다. 하지만 『평양지』는 간략하게 말한다. "둘 다 목숨을 보전하기 어려울 것을 짐작하고" 김경서가 계월향을 죽이고 자기만 나온다. 김경서의 생애를 기록한 인물전인 「김경서전」도 여럿 남아 있는데 그가 왜장의 머리를 벤 일을 말하고서는 단숨에 "김경서가 왜장의 머리를 베자 왜군들의 사기가 떨어졌다"고 그의 공을 정리한 후에 "김경서가 이 공으로 벼슬을 제수받았다"고 썼다. 계월향은 모르는 척, 염두에 두지 않아도 되는 척 그렇게 써버린 것이다.

계월향을 사랑한 왜장이 왜군 중에서도 으뜸이 될 만큼 용맹했다면, 또 왜장의 방비가 뛰어나 계월향을 제외한 누구도 왜장의 처소에 출입할 수 없었다면 계월향의 공이야말로 누가 세운 공보다 으뜸이 되어야 했다. "왜군의 사기를 떨어뜨렸다"는 명목으로 국가의 상을 받을 인물은 계월향이었다. 계월향의 입장에서 보면 이렇게 말할 수도 있겠다. 김경서는 전날의 약속을 헌신짝처럼 버렸고 자기 살겠다고 남을 죽였음은 물론 그 공까지 가로챈 파렴치한과도 같다. 또한 계월향을 일부러 모른 체했거나 제대로 일의 경과를 살피지 못한 채 김경서만 기록하고 그의 공을 치하해 벼슬을 내린 국가야말로 무능하고 공정하지 못한 심판자다. 그녀가 '남자'가 아닌 여자라서 그랬는지, 그녀가 '천한' 기생이라서 그랬는지, 아무리 어쩔 수 없었다고 하나 '적'의 수청을 든 '불결한' 여자라 그랬는지, 혹은 그 이유 모두를 고려해서 그랬는지 모르겠다.

「임진록」 속 계월향과 김경서

계월향을 죽인 김경서는 이후로도 계속 왜인에 맞서 싸우다가 1619년에는 명의 요청으로 동원된 후금과의 전쟁에서 조선군 부원수로 싸우던 중 포로가 되어 결국 죽었다. 삶의 여러 행적에서 김경서만큼 논란이 많은 이도 드물다. 계월향과 관련한 행적도 그렇고, 나중에 이순신이 죄를 받아 백의종군하게 된 것도 김경서와 관련이 깊으며, 1619년 심하전투에서 그가 후금에 투항한 것을 두고도 두고두고 말이 많았다. 하지만 그의 자손들과 그의 출신지인 서북 지역 사람들은 조직적이고도 지속적인 상소, 변증 등을 벌이며 김경서의 신원을 요청했다. 그래서 한참 시간이 흐른 뒤에는 조정에서도 그의 신원을 허락했고, 나중에는 후금에 함께 투항한 강홍립만 미워할 뿐 김경서는 그와 달리 용맹했던 장수로 기억하는 데까지 이르기도 했다. 그 일면을 고소설 「임진록」에서 볼 수 있다.

「임진록」에도 김경서가 계월향의 도움으로 평양성에 들어가 적장을 죽이고 나오는 이야기가 나온다. 소설 「임진록」은 임진왜란 당시의 여러 일화를 싣기는 했지만 기본적으로는 조선의 자존심을 높이고 상상 속에서나마 왜에 복수를 하는 데에 초점이 맞추어진 작품이다. 그래서 우리나라 장수들은 한층 더 용감하게, 왜나 명군 등은 상대적으로 그렇지 않게 표현된다.

계월향과 김경서에 얽힌 일화를 「임진록」에서는 이렇게 그렸다.

> 하루는 응서가 "소장이 오늘밤 평양성을 넘어 들어가 종일을 베어 오겠으니, 장군은 군사 한 무리를 성 밖에 매복시켰다가 일의 진행을 보아 접응하옵소서" 라 하고, 비수를 끼고 성을 넘어 들어갔다. 순라군이 졸고 있기에, 응서가 자취 없이 군막을 지나 관문에 다다르니, 수문군사 10여 인이 큰 칼을 좌우에 세우고 잠들어 있었다. 응서가 칼을 빼어 차례로 베고 문에 넘어가니, 관중關中에 등촉이 휘황하고 인적이 고요했다. 그래서 주저하고 있었는데 마침 수청하던 기생이 소피를 보러 나왔다가 응서를 보고 깜짝 놀라며 "누구신데 위태한 곳에 들어오셨습니까?" 하고 물었다. 응서가 "나는 이원익의 부장이다. 이제 적장을 죽이고자 한다. 너도 조선 사람이니 나라를 위하여 적장의 동정을 자세히 이르라" 했다.

그러자 기생이 이렇게 말했다.

"종일이 관중에 거처하되, 사면에 비단 장막을 드리우고 그 끝마다 방울을 달아놓아서 조금이라도 움직임이 있으면 방울 소리가 요란합니다. 이렇게 불우지변에 대비하며, 삼경三更 전은 귀로 자며 눈으로 보고, 삼경 후는 눈으로 자고 귀로 듣고, 사경이 되면 귀와 눈을 모두 자고 보지 아니합니다. 이제 제가 먼저 들어가 그가 잠들기를 기다려 솜으로 방울을 막고 나올 것이니 그때에 장군이 들어가소서."

기생이 들어가더니 이윽고 나왔다. 응서가 즉시 들어가 보니, 종일이 술에 취해 긴 창과 보검을 좌우 손에 잡고 침상에 누워 자고 있었다. 응서가 급히 칼을 들어 종일의 머리를 한 번 찍고 몸을 날려 들보 위에 앉았는데, 종일의 머리가 떨어지면서도 노하여 일어서며 잡았던 보검으로 들보를 치니, 응서의 군복 자락이 베여 종일의 머리, 몸과 함께 침상 아래 떨어졌다. 응서가 들보에서 내려와 종일의 머리를 들고 나오려는데, 기생이 울며 "장군이 소첩을 사지에 두고 가려 하십니까?" 하며 따라오므로 응서가 불쌍히 여겨 데리고 나왔다. 장중帳中에 소동이 일어나 순라군이 일시에 횃불을 들고 창검을 휘두르며 고함쳤다. 응서가 기생을 업고 "네 손을 죽도록 놓지 마라" 하고 칼을 휘두르며 전진하여 성 밑에 다다랐나.

평의지가 칼을 들고 크게 욕하며 "네가 간교한 꾀로 감히 우리 장수를 죽이고 나가고자 하느냐?" 하며 달려드니 응서는 힘을 다하여 싸웠다. 응서의 칼이 닿는 곳에 도적의 머리가 추풍낙엽처럼 떨어졌다. 평의지가 감당하지 못하고 물러가니, 응서가 이제 성을 넘으려 했다. 그가 비록 용맹하지만 기생을 업고 무수한 도적을 대적하느라 기력이 쇠진한 까닭에 즉시 전대로 기생의 허리를 매어 성 밖으로 넘기고자 할 때에, 평수맹이 달려들어 단칼에 기생을 베고 바로 응서에게 달려들었다. 응서가 크게 분을 내 평수맹을 단칼에 베니, 적병이 흩어져 달아났다. 응서가 도적 수십 명을 베고 성을 넘어 나오니, 부장 안일봉이 군사를 거느려 매복했다가 접응하여 그와 함께 진중으로 들어와 수말을 고했다.

이원익이 크게 기뻐하며 응서의 공을 치하하고 "종일의 머리를 궤에 담아라" 하며 호령하니 진영의 모든 장졸이 즐거워하는 소리가 왜진까지 들렸다. 소서행장이 매우 화가 나서 욕하며 "너희가 간사한 꾀로 우리 장수를 해하였으니 이것은 옳지 못한 것이다. 내 마땅히 조선의 인마를 다 죽여 분을 풀리라" 하더라.

김경서의 본래 이름은 김응서였다가 나중에 경서라고 바꾸었다. 「임진록」에서는 본래 이름 김응서를 썼다. 내용을 잘 읽어보면, 계월향의 이름이 빠져 있음을 알 수 있다. 그냥 '수청하던 기생' '그 기생'이라고 표현했다. 계월향을 사랑한 왜장의 이름을 '종일'이라 명명한 점도 눈에 띈다.

「임진록」은 이본이 여럿이지만 민중의 바람을 담은 통속소설 쪽으로 기운 경향이 있다. 역사적 사실이 바뀐 내용은 민중의 생각과 간절한 바람이 반영된 결과라고 읽으면 정확하다. 「임진록」을 사실 여부와 비교해봤을 때 가장 많이 달라진 점은 계월향이 누구의 손에 어떻게 죽었는가이다. 역사적 사실은 우리가 아는 대로 김경서가 약속을 어기고 계월향은 죽인 채 자기만 살아 나왔다는 것이다. 그렇게 그리면 김경서는 말 그대로 공에 눈이 멀어 배신을 행하는 파렴치한 인간이 된다. 조선의 장수가 그런 인간으로 그려지면 소설 전반의 목적도 희미해질 수 있다. 민중들은 조선의 장수가 모두 용감하고 싸움도 잘해서, 왜놈을 물리치면 좋겠다고 생각하지 않았을까싶다. 결국 여자가 죽는다는 결말은 똑같을지언정 그녀가 책임감 있는 장수의 보호를 받으며 신의를 지키는 사람 곁에서 '안타깝게' 죽는 모습을 보고 싶어했을 것이다.

그래서 「임진록」에서는 우선 계월향의 역할과 비중을 줄이고 김경서를 높이는 식으로 이야기를 엮었다. 용맹한 김경서가 먼저 평양성에 잠입하여 성문을 지키는 10여 인의 왜적을 다 죽인다. 그렇게 하여 스스로의 힘으로 적장의 거처에 간다. 계월향 없이도 왜장을 죽일 능력이 있어 그 기회를 잡은 것으로 묘사했다. 한마디로 '능력 있는' '용감한' 조선 남자를 그려놓았다. 또 계월향이라는 이름도 밝히지 않고 그저 '수청하던 기생'이라고 했다. 그녀의 존재가 드러날수록 김경서의 진실도 폭로될 수밖에 없기 때문이다. 오히려 김경서의 역할을 강화하여 그가 "너도 조선 사람"이라는 말로 그녀를 설득해 나라를 위해 자신을 돕게 가르쳤다고 썼다. 그 말에 따라 여인의 역할은 왜장 주변의 일을 알려주는 것 정도로 축소된 것이다. 탈출시켜주겠다는 약속 같은 것은 애초에 적어놓지도 않음으로써 배신 문제는 원천 배제했다. 또 김경서는 탈출시켜달라는 여인의 말을 그대로 따라 오히려 "네 손을 죽도록 놓지 마라" 당부하고 그녀를 업은 채 적과 장렬하게 싸운다. 적의 수가 많아 위태해지자 '기생의 허리를 묶어 던져 성 밖으로 던지고' 그 후에 자기가 나오려 한다. 그런데 바로 그 순간에 왜적이 그녀를 죽이는 것으로 그렸다. "평수맹이 달려들어 단칼에 기생을 베고 바로 응서에게 달려들었다"는 것이다. 그녀의 죽음을 본 김경서가 안타까운 마음에 더욱 분을 내 그 왜적을 죽임으로써 그녀의 원수까지 갚아준 후에 성을 빠져나오는 것으로 그렸다. 그래서 사실을 모르는 사람들이 읽으면, 김경서는 매우 용맹할 뿐 아니라 신의도 있는 사람이 된다. 김경서는 한낱 기생에 불과한 존재를 북돋워 나랏일을 돕게 하고, 그녀를 목숨 걸고 보호하려 했으며, 그녀의 죽음을 안타까이 여겨 그의 한스러운 죽음에 대한 복수까지 해주는 인물이 된다. 그토록 멋진 조선 장수가 있었기를 소망하는 마음이 「임진록」을 쓰고, 읽은 민중의 바람이었다. 하지만 그 과정에서 계월향은 이름도, 행적도 잃은 채 사라지고 말았다. 오늘날 인터넷에서 계월향을 검색하면 백과사전에서조차 계월향은 '김경서의 애첩'이라고 나온다. 그러면 김경서가 아끼는 여인을 전략상 평양성에 들여보낸 것이 되거나, 계월향이 김경서를 사랑한 나머지 스스로 그를 위해 평양성에 들어간 것처럼 되어버리는 것이다. 그 순간 계월향의 죽음은 슬픈 사랑 이야기로 둔갑해버리고 만다. 이렇게 계월향의 삶과 죽음은 배은망덕하고 파렴치한 배신의 드라마가 아니라 애달픈 사랑의 이야기로 왜곡된 채 오늘도 그렇게 전파되고 있다.

왜놈은 얼레빗이요, 천병은 참빗이라

『선조수정실록』 26년1593 3월 16일 기사에 그냥 넘길 수 없는 내용이 있다. 평양 싸움에 대해 중국에서 이야기되는 내용을 적은 것인데 그 주요 내용이 평양 싸움에서 죽은 사람에 대한 것이었다. 당시 평양성전투에서 조명연합군은 전해의 실패를 반복하지 않으려고 군사를 대거 투입했으며, 전공에 대한 경쟁도 어느 때보다 심각했다. 물 공격, 불 공격 등 온갖 격렬한 전쟁 끝에 결국 평양성을 사흘 만에 점령했다. 그런데 중국의 이과 급사吏科給事 양정란楊廷蘭이 이 싸움에 대해 명나라 조정에 보고하기를 "평양의 승전에서 왜노가 우리에게 유인되어 목을 벤 것이 1000여 명이었는데 반은 조선 사람이었다. 또 불에 타고 물에 빠진 자가 1만여 명이었는데 모두 조선 사람이었다"고 했다. 이 때문에 대장군 이여송이 진땀을 빼며 해명했다는 것이다.

이 내용에 의하면, 전공에 눈이 먼 명나라 군사가 왜병과 함께 조선인을 베고는 왜병을 쳤노라 거짓말을 했다. 또 적을 섬멸하기 위한 공격에서 조선 군사를 제대로 대처시키지 않아 불에 타고 물에 빠져 죽은 사람 대부분은 오히려 적이 아니라 수많은 조선군이었다. 하지만 당시 조정은 "당장 믿을 것이 명밖에 없으니 문제삼을 수 없다"면서 오히려 전전긍긍할 수밖에 없었다. 비슷한 맥락의 이야기가 또 있다.

참빗과 얼레빗의 차이는 무엇인가? 촘촘함의 차이다. 『선조수정실록』 26년 윤11월 21일 기사를 보면 영의정 류성룡이 선조를 만난 자리에서 한 이야기가 실려 있다. 류성룡이 전날 중국 사신을 만났는데, 그 사신이 "조선 사람들이 말하기를 왜놈은 얼레빗이요, 천병은 참빗이라 한다고 하더라"면서 이런 말을 하는 사람들을 단속하지 않은 장수와 벼슬아치들의 이름을 대라, 엄중히 추궁하겠다 했다는 것이다. 왜병이 쓸고 간 뒤는 그래도 얼레빗으로 머리를 빗은 것처럼 곳곳에 남은 것이 있는데, 명나라 병사는 얼마나 샅샅이 털어가는지 마치 참빗으로 머리를 빗으면 이는 물론 서캐까지 하나도 남지 않는 것처럼 수탈이 고약하다는 말이다. 명나라 병사들의 약탈이 오히려 침략자인 왜병보다 심하다는 이야기인데, 명에서는 그런 이야기가 도는 것이 기분 나쁘다는 것이었다. 류성룡이 급히 해명했다며 선조에게 보고하는 이야기가 이날 기사다. 사실 명나라의 눈치를 볼 수밖에 없었던 조선은 이후로도 어쩔 줄 몰라하며 그렇지 않다고 해명해야 했다. 명군이 또다른 침략군, 혹은 점령군처럼 굴며 조선 백성들을 괴롭혔다는 내용은 여러 곳에 나온다. 명군에서는 조선 백성뿐만 아니라 수령들까지 함부로 부르고, 때리고 수탈했지만 조선 조정은 별달리 조처를 취할 수 없는 안타까운 형편이 이어졌다. 명나라가 유독 더 고약해서 그랬겠는가? 어디에서나 정복자는 그랬고, 남의 나라 병사를 불러들인 나라는 그만한 대가를 치를 수밖에 없는 것이 오늘날에도 흔히 목도하는 외교의 메커니즘이다. 세상에 공짜가 어디 있겠는가. 남의 나라를 불러왔으면 그만한 대가도 치러야 하는 것이 안타깝지만 현실인 것이다.

버려졌다가 다시 충렬의 화신으로 등극한 계월향

다시 계월향 이야기를 해보자. 계월향의 행적은 오랫동안 평양 인근 사람들, 특히 같은 처지의 '기생'들에 의해서만 기억되고 기념되었다. 헌종 때에 평양감사로 왔던 정원용이 어느 날 그곳 사람에게 계월향 이야기를 들었다. 전에 자신이 진주에 갔을 때 그곳 사람들이 논개 사당에 제사지내는 것을 본 적이 있음을 기억해내고, 계월향을 위한 사당을 짓고 그곳에 제향을 올리게 했다. 이때가 1835년이다. 그녀가 죽은 지 250여 년이나 지난 뒤의 일이었다. 규장각에 「의열사 의기 계월향 비문義烈祠義妓桂月香碑文」이 남아 있어 그 정황을 알 수 있다. 하지만 그 전과 마찬가지로 그 이후에도 그녀에 대한 별다른 기림이 있었던 것은 아니다. 그녀는 단지 평양 사람이 기억하는 한 여인이었다.

그러다 일제강점기에 와서 전혀 상황이 달라졌다. 한마디로 계월향은 전국적으로 유명한 애국자로 선전되었다. 그의 충렬을 본받자는 이야기가 여기저기서 나왔다. 『여자독본』(1908), 『일사유사』(1922) 등의 계몽서에 반복해서 그녀의 이야기가 실렸는데, 이전과는 다른 방향으로 기록됐다. 예컨대 『여자독본』에는 '계화월'이라는 이름으로 그녀의 이야기가 실려 있는데, 여기에서는 김경서와 자신이 모두 살아 나갈 수 없다는 사실을 깨닫고 계월향이 스스로 김경서에게 "웃으며 목을 드리"었다고 썼다. 1913년에 나온 최동주 편의 『오백년기담』에서는 계월향이 보다 적극적으로 활약하여 김경서가 용기를 내 왜장을 죽이도록 격려하고서도, 탈출할 때에는 "첩은 몸을 이미 더럽혔으니 살아 있어도 부끄러운 바가 있습니다. 적을 이미 죽였으니 죽어도 여한이 없습니다. 장군의 손에 죽기를 원합니다"라고 했다고 그렸다. 일제강점기에 나온 여러 기록에서는 계월향에 대한 서술을 이런 식으로 바꿈으로써 독자가 김경서의 행실이나 계월향의 어울함에 주의를 기울이지 않고 오직 그녀의 적극적이고 용감한 충렬 행위에 마음껏 감동할 수 있게 했다.

이런 서술의 방향은 여러 매체와 기록에서 반복됨으로써 그녀의 이미지를 완전히 확정했다. 계월향이 김경서를 도와 왜장을 죽게 한 것처럼 이와 같은 국가의 위기 상황에서 우리도 그녀의 충렬을 본받아야 한다고들 외쳤다. 예컨대 동아일보 1921년 4월 26일 기사에 계월향의 사당인 평양 의열사에 제사를 드린다는 내용이 나오는 등 신문이나 잡지 등에서도 연일 계월향과 논개를 언급하면서 그들의 충렬을 강조했다. 1928년에는 '야담 계월향'이라는 제목의 이야기가 조선일보에 연재되었다. '만고충기 계월향의 장거'라는 제목도 함께 붙어 있었다. '천만 년 영원할 충성스러운 기생 계월향의 장한 거사'라는 뜻이다. 이 제목만 보더라도 그녀가 어떻게 그려졌을지 알 만하다. 급기야 일제는 1928년 6월 4일 자로 그녀를 그린 소설 『임진병화절대명기壬辰兵火絕代名妓 계월향전桂月香傳』을 금서로 지정하기까지 했다. 그녀가 애국운동가로 이해되고, 그녀의 이야기가 그런 운동의 일환으로 사용되고 있다고 파악한 것이다. 그때 내린 '불허가 출판물 및 삭제 기사 개요不許可 出版物 竝 削除記事 槪要' 문서가 지금도 남아 있다.

계월향은 일제강점기에 '충렬의 화신'이 되어 다시 살아났다. 내키지 않지만 어쩔 수 없이 적장 옆에 있어야 했던 그녀의 처절한 마음, 도움을 바라며 성 위에서 '오빠'를 부르던 그녀의 간절함, 결국 탈출하지 못하고 도움을 기대하던 사람의 칼에 죽은 불행한 최후! 그런 것들에 대한 안타까움은 전혀 언급되지 않는다. 오직 그 행위는 '충'으로 규정되고, 임진왜란 때만큼 어려운 일제강점기에 모든 여인들의 표본 역할로 다시 세상에 소환되었을 뿐이다. 결국 사람들은 '충렬의 여인'이라는 이름으로 계월향을 기억하게 되었다.

논개를 호명하다

임진왜란, 기생, 적장을 죽인 행위 등을 떠올리면 모두가 자연스럽게 떠올리는 인물이 논개다. 한국 사람이라면 논개에 대해서는 누구나 잘 안다고 생각하겠지만 그녀 역시 계월향처럼 버려졌다가 나중에 세상에 불려 나오고, 그녀의 행적 또한 특정 방향으로 강조되는 과정을 겪었다.

논개 이야기의 배경이 되는 진주성 싸움은 사실 두 번에 걸쳐 일어났다. 첫번째 싸움은 임진왜란이 일어난 해인 1592년에 있었다. 1차 진주성 싸움에서는 진주 부사 김시민 등의 선전으로 조선이 승리했다. 워낙 연패를 거듭하던 중에 이긴 싸움이라 이는 임진왜란 3대 승첩으로 기록되었다. 논개가 죽었다는 전쟁은 다음해 6월의 제2차 진주성 싸움이다. 왜는 지난 패배를 설욕하겠다며 2차 싸움에는 특별히 더 많은 병력을 투입했다. 그리하여 결국 진주성을 점령했다. 『선조수정실록』 26년 7월 16일 기사에 의하면 "나중에 감사 김늑이 이정을 시켜 죽은 자를 조사하게 했더니, 성안에 쌓인 시체가 1000여 구이고, 촉석루에서 남강 북쪽 언덕까지는 시체가 서로 겹쳐 쌓여 있었으며, 청천강에서부터 옥봉리, 천오리까지 죽은 시체가 강 가득히 떠내려갔다"고 한다. 그만큼 처절했던 진주성 싸움에서, 적장 하나를 유인하여 그를 안고 진주 남강에 투신했다는 것이 논개 행적의 전부다.

지금은 한국 사람 모두가 논개를 알지만 조선시대 당시에도 그랬던 것은 아니다. 임진왜란 직후 유교 이데올로기를 다시 강조하며 국가 기강을 바로잡으려고 조정에서는 『동국신속삼강행실도』를 발간했다. 이전에 발간했던 『삼강행실도』에 새로운 효자, 충신, 열녀를 추가하여 만든 책이다. 이때가 1617년이니 임진왜란 때의 이야기는 아직 생생히 기억되어 전파될 만한 시기다. 당연히 논개의 행적이 실려야 할 것 같지만 실제로는 실리지 못했다. '천한' '기녀'를 의열한 인물로 표창할 수 없다는 논란 끝에 결국 그렇게 된 것이다. 당시 유몽인이

진주성에 있는 '의기논개지문'.
현판 왼쪽에 영조 16년(1740) 경상우병사 남덕하가 조정의 명에 따라 건립했다는 내용이 기록되어 있다.

이 사실에 분을 내며 자기의 야담집『어우야담』에 논개의 이야기를 실었다. 이것이 논개에 관한 첫 기록이다.

유몽인은 그녀의 일을 평가하면서 "관기는 음란한 창녀의 몸이라 정렬貞烈로 기려질 수가 없는 이들이다. 그런데도 죽음을 고향으로 돌아가는 것처럼 여기고 왜적에게 몸을 더럽히지 않았다. 저들 또한 성군의 교화를 입은 존재로서 차마 나라를 배반하고 왜적을 따를 수 없었던 것이니, 충忠이 아니고 무엇이겠는가"라고 했다. 유몽인이 힘을 주어 '그녀도 충이다'라고 강조해야 할 만큼 당시에는 논개를 인정하지 않았다. 오히려 그녀의 신분이 '불결하다' '음란하다'는 것에 주목했다. 나라가 위기에 처했을 때 나라를 지키지도 못하고 도망이나 다녔던 이들이 나중에 와서야 심판자의 자리에 서서 누구는 더럽네, 누구는 기릴 만하네, 했던 것이다.

임진왜란 후 100년도 더 지난 경종 때에 이르러서야 경상우도 병마절도사 최진한이 비변사에 장계를 올려 논개의 행적을 강조하면서 그녀를 의기로 인정해 달라고 했지만, 그나마도 조정에서는 증명할 문헌이 없다면서 거절했다. 하지만 최진한은 거절당한 데서 그치지 않고 그 '증명할 문헌' 만들기에 들어갔다. 만들어두면 당장은 쓰이지 못해도 시간이 지나면 증거가 될 수 있으리라 여겼기 때문이다. 이후 그 지역 사람들이 자신들의 문집에 논개 이야기를 기록하고, 사적비를 건립하는 등의 일을 했다. 생각했던 대로 한참 후에 그것이 증거로 인정되어 결국 영조 16년인 1740년에 영조가 의기 사당을 세우는 것을 허락했다. 처음부터 '모두가 아는' 논개였던 것이 아니다. 힘겹게 알려서 겨우 '의기' 자리에 앉혀놓은 것이 논개다.

그러다 일제강점기가 되었다. 계월향과 마찬가지로 그녀가 부각되었다. 늘 니란히 이름이 언급되며 그녀의 충렬을 본받으라고 했다. 왜장들의 술자리를 멋들어지게 묘사한 후에 그런 자리에서 눈짓을 보내며 적극적으로 왜장을 유인하는 논개의 모습이 이때부터 비로소 묘사되기 시작했다. 『선조수정실록』에서, 시체가 겹으로 쌓였다고 했던 것을 생각해보면 진주성 싸움 끝에 그런 잔치가 있었을 리 만무하지만 논개의 모습을 구체적으로 강조하고 싶은 마음에 그렇게 써놓았던 것이다. 논개를 자기의 애인으로 표현한 시까지 나올 정도였다. 변영로는 1922년에 "거룩한 분노는/ 종교보다도 깊고/ 불붙는 정열은/ 사랑보다도 강하다/ 아, 강낭콩꽃보다도 더 푸른/ 그 물결 위에/ 양귀비꽃보다도 더 붉은/ 그 마음 흘러라" 하고 전개되는 「논개」라는 시를 지었고, 한용운도 「논개의 애인이 되어서 그의 묘에」라는 시를 썼다. 이런 시가 중·고등학교 교과서에까지 실리면서 그녀는 누구나 아는 논개가 되었던 것이다.

또 현대에 들어와서는 논개가 자랑스러워 자기의 것으로 만들고자 하기까지 한다. 학자 중에 논개의 고향이 전북 장수라고 하는 사람이 있다. 장수에서는 논개의 사당도 만들고 그 사당에 유명한 화가가 그린 논개 화상도 가져다놓았다. 진주에서는 당연히 진주 기생이니까 논개가 자기네 사람이라 여긴다. 논개 사당도 물론 진주에 있다. 거기에 걸린 화상을 보면 논개는 기생이라기보다는 근엄한 사대부 여인 같다. 어느 것이 진실일까, 그리고 이 모든 일들이 의미하는 바가 무엇일까 판단하는 것은 모두 독자의 몫이다.

시대의 요청이 개인의 역사를 규정하다

계월향이나 논개나 조선에서 가장 더럽고 천하게 여기던 기생이었다. 그렇기 때문에 그녀들의 행동이 기릴 만한 일이었더라도 기려지지 못했고, 누군가에 의해 공을 탈취당하기도 했다. 하지만 전쟁은 높은 신분에 있는 사람들, 혹은 자유로이 세상을 돌아다니며 활동하던 남자들만 겪은 것이 아니다. 남녀노소나 빈부귀천을 막론하고 함께 겪었던 것이다. 그들 각각이 전쟁에 대한 사연을 가지고 살다가 어느 곳에선가 죽어갔다. 그것이 전쟁이다.

이름 이야기를 다시 떠올려보자. 사람은 죽어서 이름을 남겨야 한다고들 하지만 어떤 이름을 남기느냐는 따지고 들 문제다. 그 이름이 그 사람의 삶 전체를 대변할 것이기 때문이다.

계월향이나 논개나 모두 잊히거나 외면당했다가 시대의 필요에 의해 부활했다. 그래서 오늘날 우리가 이렇게 계월향과 논개의 삶을 살필 수 있는 것이다. 그런데 우리가 기억하는 계월향이나 논개는 나라의 위기 상황과 연결지어져 적의 죽음과 함께 기억되는 '충'의 화신으로서의 계월향과 논개다. 어찌되었든 기생으로 살다가 모두가 아는 이름을 남겼으니 괜찮은가? 삶의 진짜 모습, 마음의 갈등 등은 모두 가려진 채 '충'으로 규정된 이름을 그들이 원했을까? 차라리 그들의 죽음을 안쓰러워하고, 그렇게 죽을 수밖에 없었던 그들의 시대를 함께 슬퍼해주기를 원했을 줄 어찌 아는가. 시대와 역사는 개인의 삶의 의미를 규정짓고 특정한 방향으로 명명할 권리가 있는가?

마지막으로 한 가지를 더 생각해보고자 한다. 같은 기생이고, 똑같이 왜장을 죽인 공이 있는데 왜 우리는 논개는 다 알면서 계월향은 모르는 것일까? 조선시대에도 계월향은 거의 알려지지 않았고, 논개는 상대적으로 이른 시기부터 알려졌는데 그것은 무엇 때문일까?

그것은 아마도 두 사람의 출신지가 다르기 때문 아닐까 한다. 조선은 초기부터 줄곧 북쪽 사람에 대한 경계가 심했다. 서북 지방 사람은 중앙 고위직에 오른 예가 없다. 서북 지역은 여진족 등이 이주해 와서 산 경우도 많아 그들은 사납고, 쉽게 복속되지 않는다며 세운 차별 정책이 거의 조선 말까지 지속되었다. 홍경래의 난이 일어났던 이유 중 하나도 바로 그것이었다. 계월향과 논개 역시 그들의 출신 지역 때문에 누구는 덜 알려지고, 누구는 더 많이 알려졌을 것이라 추측해본다. 또한 이들은 여러 지역 문인들의 활동을 통해서 알려졌다는 것을 생각했을 때 상대적으로 알려줄 문인이 적었던 북쪽 지방 출신의 계월향이 덜 알려졌을 수도 있다.

또한 이들의 차이는 오늘날까지 이어진다. 지금 우리는 남북으로 나라가 갈려 있다. 계월향이 활동했던 곳은 북한에, 논개는 남한에 속해 있다. 지금은 좀 덜하지만, 남북 대치가 극심하던 시절에는 북에 사는 사람, 혹은 북쪽 지역 이름조차 말하기 어려웠던 점을 고려하면 계월향이 남한 사람들에게 덜 알려진 것이 이해가 된다. 북에서도 마찬가지였을 것이다. 그래서 남한에서는 논개가 나오는 드라마도 많고 영화도 있는 반면, 북한에서는 오히려 계월향을 주인공으로 한 드라마와 영화가 만들어졌다. 이것이 계월향과 논개가 보여주는 슬픈 역사요, 현재다.

조선 땅 일본 사람, 영원한 이방인

:「김충선전」과「검승전」

하나라는 선전, 같이 살자는 선전 | 향화인, 그리고 항왜 | 왜인 사야가는 왜 조선인 김충선이 되었나 | 조선인보다 더 조선인처럼 | 삼천 검객 중 둘 남은 항왜, 그리고 검승의 이야기 | 왜의 대명사는 '칼'과 '살인' | 그도 똑같은 사람이었다 |「검승전」을 평가하는 시선 | 불우한 사람이라는 남이와 김덕령

「김충선전」

왜인 사야가는 임진왜란 당시 왜병의 선봉으로 조선에 들어와 곧장 조선군에 투항했다. 이후 임란 당시 많은 공을 세워 조정으로부터 김이라는 성과 충선이라는 이름은 물론 벼슬까지 받았다. 이후 이괄의 난을 진압하는 데에 공을 세우는 등 많은 업적을 남겼다. 병자호란 당시에도 많은 적들의 머리를 베었으나 그가 남한산성에 이르기 전에 강화가 이루어졌다. 중화의 문물이 오랑캐에게 짓밟혔음을 슬퍼하며 이후 김충선은 지방에 내려가 살았다. 후손에게 늘 충효를 강조했다 한다.

「검승전」

임진왜란이 지난 지도 50년이 되었을 때, 어떤 사람이 오대산 어느 사찰에 들어가 공부하다가 거기에 있는 한 승과 가까이 지냈다. 어느 날 밤 그 승이 통곡하는 소리를 듣고 그의 사연을 물었다 알게 된 것을 적은 것이 「검승전」이다.

그 승은 본래 임진왜란 때 파병된 3000명 규모의 왜 별동부대의 일원이었는데 임란 당시 한 비범한 사람이 와서 별동부대 군사를 모두 죽이고 자신과 다른 동료, 두 명만 살려주었다. 이후 세 사람이 스승과 제자 사이가 되어 함께 숙식하며 전국을 돌아다녔다. 그런데 10여 년쯤 지났을 때 왜인 한 명이 스승을 죽이고는 이제야 원수를 갚았다면서 남은 승에게 조국으로 돌아가자고 했다. 그러자 그 승은 스승을 죽인 자신의 동료를 죽였다. 10여 년을 스승으로 모신 분의 죽음을 맞닥뜨리고 3000명 중 단 하나 남은 동족까지 죽인 상황에서 고민하고 고통스러워하던 그 승은 고향 일본과 닿아 있을 동해에 몸을 던져 죽고자 했으나 그것도 뜻대로 되지 않자 이후 산에 들어가 종적을 감추고 살았다고 한다.

하나라는 선전, 같이 살자는 선전

한국은 세계에서 보기 드문 '단일민족'이라고 선전하던 때가 있었다. 그렇게 함으로써 순수성을 내세우고 단결력을 높이겠다는 계산이 있었겠지만 사실 역사적으로 오래전부터 여러 나라 사람들이 한국을 오갔고, 한국 사람들 역시 오래전부터 여러 나라를 다니며 때로 다른 나라에서 살기도 했다.

요즘은 많은 이들이 세계 방방곡곡을 누빈다. 여행, 사업, 편안한 노후를 위한 이주 등 이유도 가지각색이다. 이제는 사람들이 다른 나라에 사는 것도 두려워하지 않는다. 요즘은 국제결혼으로 한국인이 된 이들도 많으며, 이제는 다문화가정 2세의 숫자도 급증하는 추세다.

이런 변화와 관련하여 우리가 역사상 눈여겨볼 인물군이 있다.

향화인, 그리고 항왜

조선시대에는 향화인이라 지칭되는 사람들이 있었다. 요즘 말로는 귀화인이라는 용어와 가까운 뜻인데 조선시대에는 좀 특별한 의미를 지니는 특정 사람들만 향화인이라 불렀다. 향화인이란 향화한 사람이라는 말인데 조선에 자발적으로 복속해 온 사람을 가리킨다. 이 말에서는 '화化'의 의미가 중심을 이룬다. 화는 '교화'를 뜻한다. 교화는 기본적으로 교화시키는 쪽과 교화되는 쪽을 전제로 하며, 이 둘 사이에는 우열이 정해져 있다. 문화적으로 우수한 쪽이 열등한 쪽을 교화시키며, 열등한 쪽에서 우수한 쪽을 사모하여 자발적으로 와서 엎드린다는 것이다. 조선은 스스로 소중화라고 일컬으며 자신이 중원의 유교 문화를 이어받은 나라라 자부했다. 그래서 명나라를 제외한 나머지 나라 사람들은 모두 미개하다고 보고 우수한 조선의 문화로 그들을 교화시켜야 한다고 생각했다. 그런 맥락에서 보면 향화인이 많다는 것은 그만큼 조선의 문화가 우수함을 증명해주는 것이니 국가적으로 자랑할 만한 일이다.

식량이 부족하거나 정치적인 학정에 시달리면 별다른 고민 없이 삶의 터전을 바꾸어 조선 쪽으로 넘어오는 북방 민족이나, 대마도 등에 사는 왜인들이 많았다. 더구나 북방 지역 같은 경우 조선 초에는 오히려 주거 인구가 적어 안정적인 국가 운영과 국방을 위해 의도적으로라도 인구를 늘리기 위해 노력했으므로 오히려 향화를 적극적으로 유도하기도 했다.

향화인 중에서도 따로 지칭해 부른 부류가 있는데, 항왜가 바로 그들이다. 항왜란 '항복한 왜, 투항한 왜'라는 말이다. 항복이라는 단어가 알려주듯 항왜인이란 전쟁 상황에서 자발적으로 조선 편에 와서 선 사람들을 말한다. 조선 초기에는 항왜가 많지 않았고 대부분은 임진왜란 때의 인물군이다. 왜의 입장에서 그들은 배신자였지만 조선에서 봤을 때 그들을 우리를 돕는 영웅이거나 적의 숫자를 줄여주는 고마운 사람들이었다. 항왜 중 일부는 임란 당시에 이미 뛰어난 검술과 용맹을 발휘하여 전쟁에서 큰 공을 세웠고, 첩보전에서 큰 역할을 감당하기도 했다. 화약 기술, 배 만드는 기술 등을 전수한 이들도 있었다. 그 공이 커서 조정으로부터 벼슬을 받고 성씨까지 받는 사람들이 나타나기도 했다. 그 중 대표적인 사람이 오늘날 우록김씨友鹿金氏의 시조인 김충선이다.

왜인 사야가는 왜 조선인 김충선이 되었나

사야가沙也可라는 왜인은 임란을 일으킬 때 왜군의 일원으로 조선에 와서는 곧장 조선군에 투항하여 이후는 오히려 왜군의 소탕에 큰 공을 세운 인물이다. 그 공이 컸기에 조정은 그에게 김이라는 성을 내렸을 뿐만 아니라 충선이라는 이름도 내리고, 벼슬도 제수했다. 명실공히 이름을 크게 날린 항왜다.

그의 삶을 그린 글도 여럿 남아 있다. 이규상1727~1799이 『병세재언록』 중 「우예록」 부분에 그의 전을 남겼고, 성해응도 그의 문집 『연경재전집』의 「초사담헌」 중에 그의 전을 남겼다. 김진항1762~?의 『미산전집』에도 「김장군충선전」이 실려 있으며, 이의숙의 『이재집』에도 「김충선전」이 있다. 20세기 들어와서도 안종화1860~1924가 편찬한 『국조인물지』(1909), 박희성의 『기년편고』(1917)에 모두 그의 전이 실려 있다. 이만하면 그는 항왜 출신 중에서도 훌륭한 조선인이 되어 대접받으며 잘 살았을 것만 같다. 그런데 그를 그린 글들을 살펴볼 때 두 가지 이상한 점을 발견할 수 있다.

우선, 김충선이 살았던 시대와 그에 대한 기록이 남겨지기 시작한 시점 사이에 꽤 큰 시간 차가 벌어진다는 점이 석연찮다.

김충선이라는 사람을 그린 글의 편수만 세어보면 조선은 그를 매우 각별히 환대한 것만 같다. 그런데 이런 글이 언제 나왔나를 살피면 생각이 달라진다. 김충선에 대한 전이 처음 나오는 책이 이규상의 『병세재언록』인데 이 책에 "김홍도가 연풍현감으로 재직하고 있다"는 언급이 나오는 것으로 보아 이 책을 만든 것은 1797년으로 추정된다. 성해응의 글은 언제 쓰였는지 정확한 연대는 알 수 없으나 그의 생몰연대로 보아 이규상이 책을 저술한 시점과 그다지 차이가 나지 않을 것이다. 그 밖에 김진항과 이의숙의 글은 각각 1839년과 1863년에 지어졌다.

김충선이 투항한 때는 임진왜란이 발발한 1592년이며 그는 1642년에 죽었다. 그가 투항하고서도 200년 이상 지난 시점에 그에 대한 전들이 나왔다는 말이다. 정말 그의 행위를 높이 사고 널리 알리려는 목적에서였다면 그렇게 했을까? 200년 이상이나 알려지지 않고 기록되지 않고 기억되지 않던 사람에게 왜 갑자기 여러 사람의 관심이 쏟아졌을까? 이유가 있어서 의도적으로 그를 불러낸 것이 틀림없다.

또 이상한 것은 그가 조선에 투항한 이유에 대한 서술이다. 김충선에 대해 쓴 글은 모두 첫대목에서부터 이를 서술하는데 그 내용은 이렇다. 왜장 사야가가 가토 기요마사의 좌선봉이 되어 조선에 왔는데, 그가 조선에 온 것은 애초부터 전쟁 때문이 아니었다. 사야가는 평소 중화의 문물을 간직한 조선을 흠모하던 중에 조선에 갈 기회가 생긴 것을 기뻐하며 물을 건넜다고 했다. 와 보고는 자신이 생각했던대로인 것을 확인하고 기뻐하며 곧장 수하 병사를 데리고 투항했다는 것이다. 성해응의 글에서는 "조선에 들어온 후로는 의복 문물이 중국과 같음을 보고 강개하며 사모하여 병사들에게 살인과 노략을 하지 못하게 하고 스스로 모하당이라 호를 삼아 마침내 우리에게 항복했다"고 썼다. 김진항의 글에서도 사야가는 "병사를 이끌어 먼저 조선 해안에 이르러 비로소 문물의관을 보고 문득 크게 기뻐하며 말하기를, '내가 있을 곳이로다. 인의仁義의 풍속에 어찌 차마 병사를 더하랴'"라 했다. 그러고는 즉시 글을 써서 조선 사람들에게 알리기를, "내가 평소 조선을 사모했습니다. 여러분 나라를 칠 뜻이 없고 여러분에게 포악하게 할 뜻도 없습니다. 여러분은 각기 집안을 편안하게 하고 생업을 즐기면서 있으십시오"라고 방까지 붙인다. 다른 글에서도 그 내용은 다르지 않다.

모든 글에서 왜인 사야가가 투항한 이유를 똑같이 설명한다. 중원의 문화, 즉 유가의 전통 풍습과 문물이 그대로 보존되어 있는 것을 보고 사야가가 감동하여 투항했다는 것이다. 그런데 사야가는 정말 그 이유로, 혹은 그 이유만으로 투항했을까?

조선 중기 당시 왜의 정세와 조선과의 관계 등에 대해 연구해온 한문종 교수는 임진왜란 당시 항왜가 많이 발생한 이유를 이렇게 분석했다. 먼저 전쟁이 장기화되면서 장기 주둔으로 인한 식량 부족이 심해지고 또 남의 나라에 오래 있게 되니 당연히 병사들의 고통도 심해졌기 때문이라는 것이다. 당시 일본은 식량이 늘 부족한 나라이기도 했고, 육로가 아닌 해로를 통해서 식량을 수송해야 하니 어려움은 더 컸으며, 이순신 등이 이끈 조선 수군의 선전으로 해상 수송로 이용이 원활하지 못했음을 생각하면 충분히 설득력이 있는 이유다. 또 앞서 말했듯이 조선은 건국 초기부터 꾸준히 향화인을 우대하고 기술을 가진 이들의 향화는 적극 유도하기까지 했다. 그런 지속적인 우대책이 왜인들의 투항을 이끄는 요소로 작용하기도 했다. 한편, 성질이 포악하고 칼을 함부로 쓰는 무사 왜장 휘하 병사들의 마음이 떠난 경우도 많다. 당시 왜의 정치 상황도 좋지 않았다. 계급 차별과 부역도 심했고, 자국에서의 권력 투쟁 등으로 내전이 계속되고 있었기에 소농민층과 하급 무사들의 불만이 쌓여 있었다.

이런 모든 요소들이 왜인들이 왜를 떠나 조선에 건너가 살기를 바랐던 이유였겠으나, 「김충선전」에서 제시한 것은 그런 이유가 아니다. 오직 중화 문물을 간직한 조선에 대한 흠모가 투항을 이끌었다고 했다. 정말 그게 사실일까? 아마도 당시 조선인의 의도가 개입되어 만들어진 의도적인 인물 형상화가 아닐까싶다.

전쟁에, 혹은 정치에 아무것도 섞이지 않은 순수한 인도주의 정신이 존재할 수 있을까? 왜를 배신한 항왜를 받아들인 조선 역시 철저한 계산하에 그들을 받아들이고, 그들의 삶과 행위를 선전하고, 그들을 세상에 드러내 영웅으로 만들었다. 조선의 입장에서는 '야만'의 왜인이었던 사야가가 '문명' '중화'의 상징인 김충선으로 거듭났음을 강조할 때 그야말로 좋은 홍보 효과를 거둘 수 있었다. 그런 국가적 계산이 작용해, 김충선은 죽은 지 200년이나 지난 후에 특별히 유교 문물에 대한 흠모자, 국가에 대한 절대 충성자로 그려졌을 것이다.

숙종대를 거쳐 영조, 정조대에 이르면서 대명의리론에 기초한 명분론은 더욱 강화되었다. 무수리의 아들이었던 영조, 뒤주에서 죽은 세자의 아들인 정조가 특히 명분에 철저했고, 명분을 강조하는 정책을 썼다. 명나라의 유민으로 조선에 온 이들은 향화인과 구별하여 황조인이라고 불렀는데, 황조인의 명부가 작성되고, 전국에 묻힌 황조인을 찾아내 벼슬을 주고, 또 명의 은혜에 보답하기 위해 지은 사당 등을 관리하는 역할을 그들에게 맡기는 등의 일이 시작된 때가 영조 시기부터다.

김충선의 전기가 처음 나오는 이규상의 「우예록」 부분에는 황조인의 일화만 적혀 있다. 그런데 그 끝에 딱 한 사람 김충선의 전기가 덧붙는다. 김충선은 왜인이니 황조인이 아니고 향화인이다. 그러므로 「우예록」에 들어갈 수 없다. 하지만 황조인, 즉 중화의 유민 끝에 그를 붙인 것을 보면 조선이 그를 받아들이고 중점적으로 홍보했던 지점이 어디쯤인지 짐작할 수 있다.

조선인보다 더 조선인처럼

투항 이유는 잠시 내려놓자. 나머지 부분에 그려진 김충선의 삶은 어떤 모습일까? 김충선은 귀화한 이듬해 훈련청을 설치하자는 의견을 내서 항왜들의 도움을 받아 조총, 화약 등을 만들게 했으며, 이괄의 난 때에는 이괄에게 동조한 항왜들을 설득해 진압하는 공을 세웠고, 후금의 공격에 대비하여 변방을 정비하는 일에도 큰 공을 세웠다. 그리고 이 같은 그의 충정은 병자호란을 당하여 극적으로 표출된다. 임진왜란 발발 때에 김충선이 스무 살 전후였다는 것을 생각하면 병자호란 때인 1637년에 그의 나이는 이미 예순을 넘었을 것이다. 영남의 어느 시골에 정착해 살고 있던 그는 전쟁 발발 소식에 또 즉시 달려간다. 가는 도중 청군을 만날 때마다 그들을 낙엽처럼 베었는데, 벤 청군의 코가 자루에 가득할 정도였다고 한다. 그러나 그가 남한산성에 이르기 전에 이미 인조가 항복했으므로 김충선은 통곡하며 시골로 돌아가 이후 거기서 죽었다는 것이 여러 「김충선전」의 공통된 서술이다. 특히 항복 소식을 들었다는 대목에서 김충선의 목소리를 직접 인용하는 경우가 많았다. 『국조인물지』에서는 "예의의 나라가 어찌 차마 오랑캐 추장에게 무릎을 꿇으랴. 춘추존양春秋尊攘의 의리는 어디에 있는가" 했다고 적었고, 나머지 글들도 모두 그가 "통곡하며 분해했다"고 적었다. 춘추존양이란, 공자가 『춘추』에서 말했던, 중화는 높이고 오랑캐는 배격하는 원리를 뜻한다.

이와 같이 「김충선전」 속의 김충선은, 나라에 일이 있을 때마다 자신은 전혀 생각하지 않고 오직 나라를 위해 가장 먼저 달려가는 모습으로 묘사되었다. 그런데 왠지 읽을수록 이 모습이 슬프게 보인다. 그는 왜 그렇게 살아야 했을까.

사람은 본능적으로 자기중심적이다. 자기를 완전히 잊고 국가만을 붙잡고 사는 사람은 없다. 오히려 자기가 살기 위해 국가를 붙잡는 모습을 보여야만 했다고 이해하는 것이 옳을지 모른다. 조선은 시종일관 왜를 무시하는 태도를 보였다. 그들은 칼 쓰기만 좋아하고, 사람 죽이기나 잘하는 야만인이라 교화도 어렵다는 것이 당시 왜에 대한 일반적인 평가였다. 그런 조선에 받아들여지기 위해서는 자신은 그런 부류와 다른 사람임을 강조하고, 오히려 조선인보다 더 철저하게 그 점을 내세워 자기를 증명해야 하는 의무가 왜인에게 주어졌던 것이다.

그래서 김충선은 일반적인 조선 사람보다 더 철저하게 충성을 바치는 사람으로 인정되고 나서야 조선인에게 받아들여졌다고 말할 수 있을 것이다. 김충선은 죽을 때 후손에게 국가에 대한 충성과 유교적 명분을 지키는 삶을 거듭 강조했다는데, 그것은 그 길이 자손이 조선에서 살아갈 수 있는 유일한 방법임을 알았기 때문이 아니었을까 한다.

우리는 왜인 사야가를 정말 우리 사람으로 받아들인 것일까? 우리가 알고 있는 그는 진정 그가 맞을까? 아마 조선은 조선인 김충선이 된 왜인 사야가를 영영 이해하려 하지 않았고, 이해하지도 못한 상태였는지 모른다.

삼천 검객 중 둘 남은 항왜, 그리고 홀로 남은 검승의 이야기

임진왜란에 이어 17세기 들어서 정묘호란과 병자호란이 조선에서 치러졌다. 조선 땅에서 벌어진 전쟁은 아니지만 청과 명의 싸움 중에 심하전투, 금주전투 등에는 조선군이 강제로 동원되었고, 이후 1650년대에 청이 나선정벌을 할 때 조차도 조선은 강제 동원되었다. 이들 전쟁이 비극이야 더 말할 필요가 없지만 전쟁은 난리 속에 사람들을 섞이게 만든다. 교류가 잦아지면 결과적으로 상대에 대해 더 많이 알게 되기도 한다. 그런 교류가 쌓인 끝에야 비로소 나올 수 있는 글이 「검승전」 같은 글이다. 정확한 이름은 알려져 있지 않지만 여기 나오는 인물들은 조선인 스승과 왜군으로 들어왔다가 조선에서 쭉 살아가던 항왜 제자들이다.

「검승전」은 신광수申光洙, 1712~1775가 쓴 것이다. '검승전'이라는 말을 풀자면 '검을 쓰는 사람인데 지금은 승이 된 사람의 이야기'라는 뜻이다. 그 내용은 이렇다. 임진왜란 당시 가토 기요마사가 조선에 파견한 자객 3000명이 있었는데, 우연히 만난 한 중이 그들을 모두 죽이고 두 명만 살려 제자로 삼았다. 그로부터 10여 년의 세월이 흐른 어느 날 그 제자 중 한 왜인이 스승을 죽이고서는 남은 왜인에게 일본으로 돌아가자고 한다. 하지만 남은 이는 오히려 그를 죽여 스승의 원수를 갚고 자신의 신세를 한탄하여 자결하려다 이루지 못하고 산에 들어가 평생을 마쳤다는 이야기다. 승이 된 그 항왜는 왜 딱 하나 남은 동족을 죽였을까? 그리고 그때 그는 무엇을 느꼈을까?

왜의 대명사는 '칼'과 '살인'

15~16세기까지 나온 고소설 중 구체적으로 왜를 그린 작품은 없다. 고소설 자체가 그 무렵 생긴 것이라 작품이 많지 않다는 것을 고려하더라도 왜를 그린 작품은 전혀 없다. 임진왜란이 발발한 후 다시 일어난 정유재란 때에야 비로소 「최척전」에 왜가 나온다. 조선인에게 왜는 그만큼 관심의 대상이 되지 못했다. 이 시기 야담에는 왜가 나오는 몇몇 이야기가 있다.

초기의 대표적 야담집인 유몽인의 『어우야담』 중에 왜가 중심에 등장하는 이야기로는 이런 것들이 있다. 도산전투에서 명나라 군과 왜군이 싸운 이야기. 여기에서는 항왜 두 사람이 다시 왜군 진영에 들어가 많은 이들을 죽였지만, 나중에 목이 잘린 채로 발견되었다는 내용이 적혀 있다. 다음으로는 왜장 평조신平調信의 애첩을 훔친 하인을 다른 하인이 죽인 이야기가 나온다. 주인의 애첩을 훔쳤으니 그 배은망덕과 무례함이 더할 나위 없지만 그 집안의 또다른 하인이 기가 막히게 칼을 잘 써서 그 배은망덕한 놈을 죽였다는 이야기다. 또 왜병에게 잡혀 갖은 위협을 당하다가 간신히 탈출한 사람들의 일화도 나온다. 물론 이야기의 전개는 탈출한 이들에게 맞추어져 있지만 그들의 경험을 말하는 과정에서 왜병이 이들을 협박하고 가두는 상황이 비교적 자세히 나온다. 또 왜에게 잡혀 일본에 살다가 20세 무렵에 돌아온 조선 사람의 습성 이야기가 『어우야담』에 실려 있고, 마지막으로 왜의 장수 가토 기요마사의 휘하에 있던 사람이 기요마사를 죽이려 한 이야기가 나온다. 물론 장수가 자기 잘못을 반성하는 쪽으로 이야기는 마무리되지만, 휘하에 있던 사람이 주인을 죽이겠다고 칼을 들고 달려드는 장면은 그의 비인간성을 묘사한다.

이런 이야기의 공통된 특징은 한마디로 왜의 모습이 특정 방향으로 제시되어 있다는 점이다. 즉 그들의 습속을 '칼' '살인' 등과 연결시키면서 그들의 무례, 잔인함, 배은망덕 등을 부각시키고 있다. 왜의 문화를 비하하는 어조가 모든 이야기에 선명히 드러난다. 예를 들어 왜에게 잡혔다가 돌아온 사람에 대한 이야기는 이렇게 제시되어 있다.

> 왜놈들은 성질이 급해서 사람 죽이는 것만 좋아한다. 눈을 흘기는 이라도 있으면 그때마다 칼에 손이 갔다. 왕실 종친 중에 풍성현감을 역임했던 이가 있었다. 여덟아홉 살 때 왜놈에게 잡혀 왜에 살다가 스무 살이 넘어서야 돌아왔다. 말

이나 행동거지까지 모두 본국의 옛것을 잊어버린 채로, 그가 익히는 것은 용병이나 치고 찌르는 것이었다. 한마디로 왜놈과 똑같았다. 어느 여름 풍성현감이 낮잠을 자고 있을 때 친척이 장난삼아 종이로 침을 만들어 그의 코를 찔렀다. 풍성현감은 벌떡 일어나 눈을 감은 채 자신의 허리춤을 어루만졌으나 칼이 없었다. 그가 눈을 뜨더니 크게 웃으면서 말했다. "왜놈 풍속에서는 앉으나 누우나 칼을 풀어놓지 않고 있다가, 조금이라도 자기 뜻에 거슬리면 칼을 뽑아 찌르오. 그래서 부부 사이라도 한방에서 잘 수 없지요. 뜻하지 않은 일이 생길까 염려하기 때문에. 오늘 내 칼이 허리춤에 있었더라면 아마 내 친척을 죽였을 것이오." 이 말에 사람들은 모두 혀를 내둘렀다. 이후 그는 반란을 일으키다 죽었다. 왜놈 풍속을 교화시키기 어려운 것을 이로써도 짐작할 수 있겠다.

첫마디부터 "왜놈들은 성질이 급해서 사람 죽이는 것만 좋아한다"고 규정한 후 이것을 증명이라도 하듯 일화를 소개하는데, 본래 조선 사람이라도 왜에 몇 년 사는 것만으로도 그들과 똑같이 매사에 칼에 손부터 가는 못된 습속에 물들게 된다 했다. 한마디로 왜의 문화를 '싸잡아서' 이해하고 있다. 이런 서술 분위기는 다른 이야기에서도 그다지 다르지 않다. 이런 분위기에서 왜인을 조선 사람과 똑같은 인간으로 보거나 그들의 내면을 들여다보려는 시도는 좀체 나오기 어려웠다.

그도 똑같은 사람이었다

하지만 「검승전」에서는 이전의 이런 경향과는 달리 왜인의 마음을 그렸다. 동족 왜를 죽이고 노인이 된 검승은 훗날 옛일을 회상하며 당시의 갈등을 생생하게 털어놓았다.

> 우리 세 사람은 마치 부모 형제와도 같았는데 하루아침에 길에서 스승을 잃고 말았다. 또 검술에 능한 왜로 동쪽에서 건너온 3000명 중에 우리 두 사람만이 남았을 뿐인데 내가 그 하나를 죽여서 천하에 나 하나만 남게 되었구나. 일본은 넘실대는 만릿길 바다에 막혀 있고 다른 나라에 사는 것은 또 두려우니 내가 혼자 살아 무엇하리오. (…) 나는 일본 사람이니 동해에 몸을 던져 죽으리라.

부모처럼 여기고 따르던 스승이 살해당했다면 누군들 슬퍼하며 분노하지 않겠는가. 어찌 원수를 갚지 않겠는가. 그것이 하나 남은 동료 항왜를 죽인 이유였다. 그러나 한편으로는 만리 이국땅에 동족이라고는 오직 딱 한 사람뿐이었으니 정말 형제처럼 생각했는데, 그를 자기 손으로 죽일 수밖에 없었나. 그런 사람을 눈물 없이 죽일 수 있는 사람이 어디 있으랴.

동족에 대한 사랑과 의리를 생각할 때 그를 죽인 죄책감에 몸서리칠 수밖에 없었을 것이다. 또 이젠 하나 남은 동족마저 죽었으니 온 가족을 다 잃은 것 같았을 것이다. 10년 전 왜란 당시에 죽었을 자신을 살려준 스승님! 그 스승님을 지켜드리지 못한 죄책감에 또 몸서리쳤다. 다름 아닌 저 동족 왜인이 스승님을 죽였다. 허탈함과 또 돌아가신 분에 대한 그리움이 범벅! 홀로 살아가자니 갑자기 외로움과 두려움도 엄습했을 것임을 우리는 쉽게 짐작할 수 있다.

인용한 내용 끝부분에는 늙은 검승이 결국 삶을 마감하기로 결정하는 과정이 핍진하게 그려져 있다. 죽을 때 "나는 일본 사람이니" 하면서 일본이 있는 동해에 몸을 던졌다고 했다. 10년 넘게 살면서도 끝내 잊지 못한 '내 조국', '나는 일본 사람이다'라는 생각에, 죽어서라도 그쪽으로 가고 싶어하는 그 마음을 생각해보면 가슴이 뻐근해온다.

늙은 검승은 다시금 동해에 몸을 던졌던 이야기를 계속했다.

> 몸을 던졌는데 마침 바다에 큰 물결이 일어 저를 바닷가로 밀어냈답니다. 차마 다시 뛰어들지는 못하겠더군요. 곧바로 오대산으로 올라가 중이 되었습니다. 이후로는 매해 스승이 돌아가신 날이 되면 목이 쉬도록 곡하지 않은 적이 없었습니다.

죽음 앞에 겁을 내지 않을 사람이 누가 있으랴. 멋있게 보이고 싶어 때로 신념을 내세우며 연극을 할 수 있을지 모르지만 진정 죽음 앞에 서면 두렵기만 한 것은 인지상정이다. 절망적인 심정으로 몸을 던지기는 했는데 때마침 파도 때문에 오히려 바닷가로 다시 밀려났다고 했다. 파도에 휩쓸려 이제 죽는구나, 하는 것까지 경험한 뒤라 이제는 더 무서워 다시 몸을 던질 수가 없는 한 사람! 남의 나라에서 혼자 살기도 두렵고, 죽기도 두려운 그는 결국 세상을 떠나기로 하고 오대산에 종적을 숨겼다는 것이다. 날마다 스승이 죽은 날에 통곡한 것은 스승을 향한 통곡이기도 하고, 죽은 동족에 대한 통곡이기도 하며, 결국 자기 자신에 대한 통곡이기도 했을 것이다.

결국 "조금이라도 수가 틀리면 '칼을 들어 사람 죽이기를 밥 먹듯 하는' '교화 가능성 전혀 없는' 왜놈"이 아니라 그도 우리와 똑같은 사람이었음이 늙은 검승의 말과 삶을 통해 증명됐다. 「검승전」에 담긴 깨달음이 바로 이런 것이었다. 왜인도 조선인과 똑같은 사람이었다. 그도 똑같이 고통스러워하고, 갈등하며, 정도 느낄 줄 알고, 두려워할 줄도 아는 사람이구나, 그의 내면도 우리랑 똑같구나, 이런 깨달음이 바로 여기에 있다. 이런 인식이 열릴 때 비로소 서로 다른 사람들과 함께 한땅에서 살아갈 수 있는 길이 열리는 것이다. 세계 여러 나라 사람들이 함께 사는 요즘, 우리가 이 작품을 읽은 이유가 여기에 있다.

「검승전」을 평가하는 시선

인물의 삶을 그린 전기 끝에는 글쓴이의 평가가 붙어 있다. 마치 역사를 기록한 후에 사관이 따로 자기의 의견을 붙이듯이 말이다. 「검승전」에도 이런 평가가 붙어 있다. 그런데 그 평가는 뜻밖에도 검승에 대한 것이 아니라 검승의 스승이었다는 숨은 고수에 대한 평가였다.

작가 신광수는 두 가지를 말했다. 첫번째로는 그가 3000명을 혼자 상대할 만큼 고수였으면서 왜 전면에 나서서 활동하지 않고 숨었을까 하는 문제를 제기했다.

그는 기이한 재주를 지녔으되, 진실로 임진년의 변란은 하늘의 운수였기에 잔단 꾀나 힘으로 늦출 수 있는 것이 아님을 알았던 것이다. 예로부터 지혜롭고 용맹하며 기이한 능력을 지닌 사람은 불우함을 면치 못하는 경우가 많았으니, 작은 나라일수록 더욱 심했다. 우리나라만 들어 이야기하더라도 남이나 김덕령 같은 이들이 모두 이러했다. 때문에 검객은 차라리 깊은 산속에서 늙어 죽을지언정 후회하지는 않았을 것이다.

옛날 사람들은 세상일이란 하늘이 정해놓은 운수에 따라 돌아간다고 생각했다. 조선이 고난을 당할 운수라면 이것을 인력으로 막을 수 없다는 것이다. 그러니 고수가 그 운수를 읽을 수 있었다면 당연히 그 운수에 따라 임진왜란을 겪도록 했다는 것이다. 다만 서글픈 것은 좋은 운수를 만나지 못하여 그 특별한 능력을 사용할 수 없었던 불우함을 신광수는 슬퍼하고 있다. 남이 장군이나 김덕령 장군같이 시대를 만나지 못한 영웅의 한 사람으로 그 스승을 바라보고 있다.

다음으로 신광수가 말한 것은 그 고수가 사람 보는 눈은 부족했다는 점이다.

하지만 검객이 두 왜와 10여 년을 살았다면 마음씀씀이를 알 수 있었을 것이다. 하나는 적이 되고 하나는 자식이 되었는데도 이들을 좌우에 두어 결국 자기 검술의 도를 적에게 가르쳐주어 스스로를 죽이고 말았으니, 제 몸을 보존하는 데는 현명했으나 사람을 알아보는 데는 어두웠다 하겠다. 이는 이른바 선표單豹가 안(마음)만 수양하다가 밖(몸)은 범에게 먹혔던 것 같은 일이다. 그런 까닭에 맹자는 "예羿가 또한 죄가 있다"고 했던 것이다.

뛰어난 사람이었으면 제자로 삼은 이들의 심성까지 알아차려서 자신을 죽이게 될 항왜는 자기 옆에 두지도 말고, 검술도 가르치지 말았어야 하는데 그렇게 하지 못했다는 점을 지적했다. 신광수는 『장자』와 『맹자』에 나오는 고사를 인용하며 그 스승에게 잘못이 있다고 판결했다.

선표의 이야기는 『장자』 외편의 「달생達生」에 나오는 고사다. 노나라 선표는 노장사상을 따라 불로장생의 도를 이루고자 산속 동굴에서 지내 결국 나이 일흔에도 어린아이 같은 얼굴빛을 이룰 수 있었다. 하지만 그 수양은 보람 없이 어이없게 끝나버렸다. 선표가 동굴 밖을 어슬렁대던 굶주린 호랑이에게 잡아먹히고 말았던 것이다.

『맹자』의 말은 「이루離婁」에 나오는 이야기다. 당시 가장 활을 잘 쏜다고 알려진 이는 예羿였는데, 방몽逢蒙이 그를 스승으로 삼아 그에게서 활 쏘는 법을 배웠다. 예의 기술을 다 익히고 난 후 방몽은 이제 세상에서 자기보다 더 뛰어난 사람은 예라고 생각하여 결국 그를 죽여버렸다. 맹자는 이것을 두고 예에게 잘못이 있다고 했다. 사제지간이나 교우지간에는 반드시 사람됨을 분간해야 한다고 맹자는 말한다. 그런데 그 사람됨을 분간하지 않고 정을 주거나 재주를 전수해서 해를 입으면, 그것은 해를 끼친 사람 잘못이기 이전에 그것을 분간하지 못한 사람 잘못이라는 것이다. 굳이 잘못의 크기를 따진다면 분간하지 못한 사람에게 더 큰 잘못이 있다고 맹자는 말했다.

하지만 사람이 그런 것까지 미리 다 알 수 있을까? 혹은 알았다 하더라도 그 항왜를 죽일 수 있었을까?

불우한 사람이라는 남이와 김덕령

신광수가 검객의 불우함을 탄식하며 비슷한 예로 든 남이와 김덕령은 어떤 죽음을 맞았을까?

남이는 조선 초기의 인물로 16세의 어린 나이에 무과에 급제한 후 탁월한 능력을 발휘하여 승승장구했다. 세조 13년인 1467년, 정부의 북방 차별 정책에 불만을 품은 이시애가 반란을 일으켰다. 반란 세력은 거세어 관군이 몇 달이나 어려움을 겪었는데 남이가 결정적인 공을 세워 이들을 진압했다. 『세조실록』 13년 7월 14일 기록에 의하면 "북청전투에서 남이는 진 앞에 출몰하며 죽을힘을 다해 싸웠다. 가는 곳마다 적이 쓰러졌다. 몸에 네댓 개의 화살을 맞기도 했으나 낯빛은 태연자약하였다"고 한다. 이후에도 큰 공을 세워 조선 역사상 최연소 병조판서가 되었다. 당시 27세였다. 하지만 다음 해인 예종 즉위년에 유자광의 고변에 의해 모반을 했다는 혐의를 받아 결국 저자에서 몸이 찢겨 죽는 거열형을 받았다. 그의 능력과 죽음을 생각하며 사람들은 불우한 사람의 대명사로 그를 꼽았다.

또, 임진왜란 당시 관군은 힘을 쓰지 못하고 가을바람에 떨어지는 나뭇잎처럼 쓰러져갔다. 이때 오히려 목숨을 걸고 싸워 큰 공을 세운 이들은 의병들이었다. 의병은 사재를 털어 병기를 마련하고 사람들을 모아 게릴라 전법을 써서 왜병들을 교란했다. 곽재우, 고경명, 김천일, 조헌, 정인홍 그리고 김덕령金德齡, 1567~1596 등이 대표적인 의병장이다. 김덕령은 임진왜란 발발 당시 모친상중이었지만 곧장 의병을 일으켜 담양에서 봉기했다. 그는 유학을 익힌 선비이기도 했지만 용력에도 뛰어났다. 『국조보감』의 기록에 의하면 "그가 가는 곳이면 모두가 깨졌기 때문에 왜놈들이 감히 접근을 못하고 피했다"고 할 정도였다. 뛰어난 공을 세웠기에 선조는 그에게 공조좌랑을 제수하고, 몸소 그에게 '날개 달린 호랑이 장군', 즉 익호장군翼虎將軍이라는 칭호를 내려주기도 했다. 하지만 몇 년 후 김덕령은 이몽학李夢鶴이 호서에서 모반을 일으켰을 때 무고를 당하여 심한 고문을 받아 결국 죽었다. 현종조에 들어와서야 그의 억울함을 인정하여 그를 신원시켰다.

「검승전」을 쓴 신광수에 의하면, 세상에서 타고난 능력을 펼치다 결국 비극적 죽음을 맞았던 남이나 김덕령과 달리, 비범한 '검승의 스승'은 그 능력을 드러내지 않고 산에 들어가 두 제자하고만 살았으니 처세에 뛰어났다고 했다. 하지만 결국은 검승의 스승도, 남이도, 김덕령도 비극적으로 삶을 마무리했기에 그에 대한 안타까움과 슬픔을 표현하며 여기에 자기의 처지를 한탄하는 마음까지 투영했다.

난민이 되어 낯선 바다를 떠도네

:「최척전」

사랑을 붙잡아 신혼으로 |「표유매」의 인연 | 전쟁이라는 소용돌이 | 동아시아 전란으로서의 임진왜란 | 공통 체험이 낳는 공감과 이해 | 나라가 백성을 지켜 주지 못할 때 | 고국보다 아버지 | 돌아가지 못한 잔병 | 악한 국가 선한 사람 | 공동체의 가능성

「최척전」

남원에 살던 최척과 이옥영 두 사람은 서로 호감을 가지고 혼담을 주고받았다. 최척이 가난했기 때문에 심씨는 의탁할 만한 사위를 얻고 싶다며 마뜩잖아했으나 옥영이 적극적으로 의사표현을 하여 결국 두 사람은 혼인하고 아들 몽석을 얻었다.

이때 임진란이 끝나는가싶더니 왜가 정유재란을 일으켜 남원을 습격했다. 최척이 곡식을 마련하러 간 사이 옥영 등이 있는 곳이 습격당했다. 최척은 시신 사이를 헤매다가 아내와 아이, 부모를 모두 잃은 줄 알고 절망했다. 명나라 장수 여유문이 그를 불쌍히 여겨 그를 명으로 데리고 가서 함께 살게 해주었다. 여유문이 죽은 후에는 송우라는 사람을 만나 그와 함께 배를 타고 장사를 하며 다녔다. 한편 옥영은 왜적 돈우에게 붙잡혀 일본에서 살게 되었다. 남장을 한 채 신분을 속이고 살면서 돈우의 신임을 얻어, 돈우와 함께 배를 타고 장사를 하고 다녔다. 최척과 옥영은 베트남 항구에서 극적으로 상봉하여 중국 땅에서 새로운 삶을 시작하여 아들 몽선도 낳았다. 그 아들이 장성하자 이웃에 사는 홍도와 혼인했다.

명이 후금을 치러 갈 때 최척도 동원되었다가 포로가 되었다. 포로수용소에서 조선군으로 와서 포로가 된 아들 몽석을 만났다. 감시병의 도움으로 둘은 무사히 탈출하여 고향으로 돌아왔다. 돌아오는 길에 명나라 잔류병이 되어 헤매던 홍도의 아버지 진위경도 만나 함께 왔다. 중국에 있던 옥영과 몽선 부부는 명나라 군의 참패 소식에, 배를 준비하여 우여곡절 끝에 조선으로 돌아왔다. 결국 최척의 온 가족이 다시 함께 살 수 있게 되었다.

사랑을 붙잡아 신혼으로

태어나면 건강하게 자라기를 바라고, 자라면 명석하게 공부하기를 바라며, 나이가 차면 아름다운 사랑을 해서 포근한 가정을 이루어 꿈 같은 행복을 누리기를 바란다. 이후에는 또 사랑의 결실인 자식을 얻고 그 자식의 재롱을 보며 하루하루 평안히 보내고 싶어한다. 수많은 사람들이 이런 꿈을 꾼다. 물론 그런 삶에도 때로 자기 맘대로 되지 않는 것이 있어 고민하게 만들지만 그래도 그것은 그런대로 할 만한 고민이고, 때로 행복한 고민이 되기도 한다.

남원 땅에 최척이라는 사람이 있었다. 몇 년 전에 임진왜란이 일어났지만 처음 한두 해에만 큰 싸움이 있었을 뿐 이후에는 협상을 한다며 지지부진 시간만 끌고 있었다. 게다가 전라도 땅에는 상대적으로 왜군이 많이 들어오지 못했다.

최척은 이때 아버지의 성화를 못 이겨 정생원의 집에 다니며 공부를 했다.

어느 날 한 여종이 쪽지를 주고 갔다. 쪽지에는 『시경』에 나오는 「표유매摽有梅」 시가 적혀 있었다. 원래는 서울에 살던 옥영이 아버지가 돌아가신 후 어머니 심씨와 함께 외삼촌 정생원 댁에 내려와 살다가 최척의 모습에 반해 쪽지를 준 것이다. 이후 둘은 마음의 교류를 했고, 최척이 아비를 졸라 옥영의 집에 혼담을 넣었다. 금이야 옥이야 키운 딸을 얼른 보내고 싶어하는 부모가 어디 있으랴. 누구를 데려와도 아까울 판인데, 하필 혼담을 넣은 쪽은 최척이었다. 심씨는 가난한 최척을 마뜩잖아했다. 혼인에서 경제력을 보는 것은 예나 지금이나 똑같았던 것이다. 둘의 사이가 위태로워질 판이었다. 옥영이 용기를 내 어머니를 설득했다. 당장의 부유함보다는 사람의 진실함과 믿음직스러움을 보고 혼인하겠다고. 할 수 없이 어머니가 졌다. 드디어 혼례일을 잡았다.

날이 되기만을 기다리는데 남원 참봉 변사정이 의병을 일으켜 영남에 있는 왜병을 친다고 했다. 활쏘기, 말타기에 능한 최척더러 따라나서라고 했다. 떨어지지 않는 걸음을 떼었다. 받은 혼인 날짜 며칠 전에 휴가를 청했다가 나라가 위태로운 판에 무슨 혼례냐고 거절당했다. 답답한 마음에 병이 났다. 혼례일이 되어도 오지 못하는 최척을 보고 어머니 심씨는 딸을 다시 마을 부자 양씨 집 아들과 혼인시키려 했다. 위기 중의 위기다.

어느 날 밤 옥영이 목을 맸다. 자다가 왠지 꿈자리가 이상해서 깬 심씨가 딸이 누웠던 자리를 손으로 더듬어보고는 딸이 없어진 것을 발견했다. 집을 다 뒤져 목매 숨넘어가기 직전인 딸을 끌어내렸다. 다시는 혼례를 말하지 않았다. 이 소식을 최척도 듣고 의병장도 들었다. 결국 최척을 돌려보내 혼례를 올리게 했다. 그리하여 가정도 이루고 이후 아들 몽석도 얻었다. 둘은 어려움 끝에 얻은 가정에서 더없이 행복했다. 이것이 「최척전」의 초반부다.

「표유매」의 인연

「최척전」에서 옥영이 최척에게 보낸 쪽지에는 「표유매」 중 마지막 수가 적혀 있었다. 공부 좀 했던 최척이 그 뜻을 한눈에 알아보아 둘의 관계가 진전될 수 있었던 것이다.

『시경』에 나오는 「표유매」는 남녀가 상대에게 자신의 사랑의 마음을 표현할 때 늘 등장하는 시다. 소설에서 자주 보인다. 무슨 내용이기에 그럴까? 표는 '떨어지다'라는 뜻이고, 매는 '매실'을 말한다. 유는 '어떤'이라는 뜻으로 불특정한 것을 말하기도 하고, 의미 없이 단순히 음절을 맞추기 위해 허사虛辭로 쓰기도 한다. 그러니 제목은 「떨어지는 매실이여」이다. 이 시는 총 세 수로 이루어져 있다.

떨어지는 매실이여	摽有梅
남은 열매 일곱이로다	其實七兮
나를 찾는 선비님이여	求我庶士
좋은 날에 이르십시오	迨其吉兮

떨어지는 매실이여　　摽有梅
남은 열매 셋이로다　　其實三兮
나를 찾는 선비님이여　　求我庶士
바로 지금 이르십시오　　迨其今兮

떨어지는 매실이여　　摽有梅
광주리 기울여 담는도다　　頃筐塈之
나를 찾는 선비님이여　　求我庶士
지금 말하기라도 하십시오　　迨其謂之

보다시피 형식은 똑같고 남은 매실의 개수만 달라진다. 첫째 수는 나무에 매실이 일곱 개 남은 때다. 이때는 그래도 여유가 있어서 '아름다운 좋은 때를 놓치지 말고 나에게 청혼해달라' 말했다. 둘째 수에 오면, 시간이 지나 매실이 셋만 남고 보니 마음이 분주해졌다. 그래서 '바로 오늘' 와서 청혼해달라고 한다. 이제 마지막 수! 또 시간이 흘러갔다. 광주리를 기울여 매실을 담는다는 것은 매실이 이제 다 떨어졌다는 말이다. '이제 정말 마지막입니다. 다 담아가고 나면 끝이니…… 지금 당장 말이라도 하시면 혼사가 이루어집니다' 하는 것이다.

매실의 남은 개수와 여인의 조바심이 연결되어 재미있게 형상화된 시다. 교양 있는 여인이 정조와 신의로 자기를 지키다가 좋은 사람이 나타났을 때 바로 그에게 자기 마음을 이렇게 시로 표현했다는 것이 『시경』에 설명되어 있기도 하다. 한 편의 시도 때로 이렇게 흥미롭고 긴장감 있다. 단순히 '나 당신 좋아요'

하는 것보다 운치 있는 것 같기도 하고.

전쟁이라는 소용돌이

요즘 아무리 행복한 꿈에 빠져 있어도, 내일 아무리 좋은 계획이 철저히 준비되어 있어서 설렐지라도 그런 것들은 아무 일이 없을 때에나 그대로 이루어질 수 있다. 어떤 소망을 품고 있든지 전쟁은 그 모든 것을 완전히 멈추어버리고 모든 사람을 원하든 원하지 않든 간에 삶의 소용돌이로 몰아넣는다. 최척과 옥영이 살았던 시기도 그러했다. 그들이 살았던 모습 또한 그 시대 사람들이 살았던 삶의 모습이었다.

소강상태로 오래 머무르다 그대로 전쟁을 끝내고 물러갈 것 같던 왜적이 다시금 침략했다. 이를 정유재란이라고 한다. 이때가 1597년에서 다음해까지다. 「최척전」의 본격적인 전쟁은 바로 이 정유재란을 배경으로 전개된다. 정유재란 때에 왜군은 부산에 상륙하여 한양 등을 향해 북진하기도 했지만 서쪽으로 방향을 바꾸어 전라도를 향해 왔다. 그래서 남원에 살던 최척 부부도 전쟁에 휘말리게 된 것이다.

최척과 옥영이 어머니의 반대를 무릅쓰고, 또 그 밖의 어려움을 통과하여 혼인하기까지의 과정만 보면 「최척전」은 여느 애정소설과 똑같다. 하지만 이 부분은 「최척전」 전체 분량의 4분의 1 정도밖에 안 된다. 이제 소설은 초반의 아름다운 애정담이 전혀 생각나지 않을 만큼 전쟁 이야기로 전개된다.

최척과 옥영은 신혼 초였지만, 개인의 의지와 상관없이 곧장 전쟁과 이산의 아픔에 휘말릴 수밖에 없었다. 1593년에 혼인하여 1597년 정유재란 때 헤어졌으니 결혼 4년 만에 행복한 꿈이 깨졌다. 일단 산 쪽으로 피란을 했는데 최척 등 남자들이 양식을 구하러 간 사이 왜적이 덮쳤다. 나중에 돌아온 최척은 실성한 사람처럼 가족을 찾아 헤맸지만 결국 찾지 못하고 절망에 휩싸였다. 그 장면이 작품에는 이렇게 묘사되어 있다.

> 최척은 하늘을 향해 통곡하고 땅을 치며 피를 토했다. 즉시 섬진강으로 달려가는데 몇 리도 채 못 가서 어지러운 시체 더미를 보았다. 거기서 신음하는 소리가 끊어질 듯 이어져 살아 있는 듯도 하고 죽은 듯도 했으나 피가 범벅이라 누가 누구인지 알 수 없었다. 옷을 살피다가 춘생과 비슷한 이를 보고는 크게 소리쳤다. "네가 춘생이 아니냐?" 춘생이 눈을 크게 뜨고 바라보다가 목구멍으로 간신히 소리를 냈다. "서방님, 서방님! 주인님 가족 모두가 적병에게 붙잡혀 갔어요. 저는 몽석 도련님을 업어 빨리 뛸 수 없었기 때문에, 적이 칼로 내리치고 갔어요. 땅에 고꾸라져 정신을 잃었다가 반나절이나 돼서 깨어났는데 등에 업었던 도련님이 어찌되었는지 모르겠어요." 말을 마치고는 기운이 다하여 다시 살아나지 못했다. 최척은 가슴을 치고 발을 구르면서 슬퍼하다 쓰러지고 말았다.

전쟁은 태어난 지 얼마 안 된 어린 아들 몽석을 잃게 했고, 부부가 서로의 생사를 모른 채 수년간 각기 명나라와 왜국에서 전전하게 했다. 동시에 전쟁은 이 두 사람이 또다른 나라 안남, 즉 베트남에서 기적적으로 상봉한 후 다시 아들을 낳고 그 아들이 혼인할 나이가 될 때까지, 첫 아들의 생사도 부모의 생사도 모른 채 다른 나라에 살게 했다. 이후 또다시 최척은 명과 후금의 전쟁에 끌려가 가족과 생이별을 한다. 전쟁이라는 현실에 내몰린 인간의 처절한 실존이 「최척전」에 나온다. 이전의 낭만은 더이상 찾아볼 수 없다.

동아시아 전란으로서의 임진왜란

우리는 아주 어려서부터 임진왜란에 대해 듣고 배우며, 이를 일본이 조선을 침략한 전쟁이었다고 알고 있다. 은연중에 일본의 침략으로 조선 국토가 얼마나 황폐화되었는지, 조선 사람들이 어떤 피해를 입었는지만 생각하는 경우가 많다. 하지만 이 전쟁은 한반도만의 것이 아니었다.

전쟁터는 분명 조선 땅이었다. 그러니 당연히 조선 사람들이 이 전쟁과 연루되어 있다. 병력 20만 이상의 왜인이 침략했다. 그 왜인이 모두 고아는 아니었을 테니 그들에게는 일본 땅에 각기 부모와 형제와 자식과 친구가 있었을 것이다. 아들, 형제, 아버지, 벗이 전쟁에 나가면 당연히 그 전쟁은 남의 전쟁이 될 수 없다. 왜란 발발 초기 어려운 상황에서 조정에서는 명나라에 긴급 파병을 요청했다. 임진왜란 과정 전체로 봤을 때 명의 파병 규모는 20만이 넘는 것으로 정리된다. 그렇다면 임진왜란은 명군 20만의 전쟁이기도 했다. 그리고 그들에게도 역시 가족, 친지, 친구가 있었을 것이다. 결국 임진왜란은 조선과 일본, 명나라의 수많은 참전군과 그들을 전쟁터에 보내야만 했던 사람들 모두가 겪은 전쟁이었다.

전쟁은 포로를 양산하기 마련이다. 왜는 많은 조선 사람을 포로로 잡아갔다. 왜란 초기뿐만 아니라 정유재란 당시에도 수많은 사람을 포로로 잡아갔다. 예를 들어 『선조수정실록』 30년1597 10월 3일 기사에 보면 사로잡힌 왜군의 장수 복전감개福田勘介의 진술이 나온다. 그는 왜군이 받은 명령을 말하면서 "남녀노소를 막론하고 걸을 수 있는 자는 사로잡아 가고 걷지 못하는 자는 모두 죽였으며, 조선에서 사로잡은 사람들은 일본에 보내서 농사를 짓게 하고, 일본에서 농사짓던 사람을 군사로 바꾸어" 조선에 다시 침략하게 하라는 명을 받았다고 했다. 그의 말처럼 수많은 사람이 포로가 되어 끌려갔다. 그들 중 일부는 죽기도 하고, 왜인들 속에 섞여들어가기도 하며, 다른 나라로 팔려가기도 했다. 실제 당시 일본에는 서양 선교사들이 들어와 있어서 조선 포로들이 팔리는 장면을 기록해놓은 것도 있고, 그들을 불쌍히 여긴 선교사 일부는 포로 중 몇 명을 사서 자신들이 고국으로 돌아갈 때 중간 어느 나라에 자유로이 내려주었다는 기록도 있다. 「최척전」에서 옥영은 남자의 옷을 입고 남자인 양 일본 사람 돈우의 포로가 되어 팔려갔지만 돈우의 신임을 얻어 그와 함께 해상무역을 하며 베트남까지 갔다. 한편, 최척은 명나라 땅으로 들어갔다가 명나라 상인과 함께 무역선에 올라 베트남에 왔기에 거기서 두 사람이 만났다. 전쟁으로 인한 사람의 이동은 한중일 3국뿐만 아니라 베트남에까지 영향을 미치고 있었던 것이다.

명나라 군대가 이동하고, 조선 사람 중 일부는 위험을 피하려 국경을 넘어 북쪽으로 가기도 했다. 그 땅 여기저기에 흩어져 있던 여진족에게도 임진왜란은 피부로 와닿은 변화의 현장이기도 했다. 실제로 임진왜란의 여파가 채 가시기 전 여진족은 힘을 규합하여 후금 세력으로 성장하게 되었으니 임진왜란은 그들의 전쟁이기도 했다.

그러므로 임진왜란은 동아시아 전체의 전쟁이었다. 그 땅에 사는 사람들이 가족을 전쟁터에 보냈고, 전쟁터에서 가족의 소식이 들려오기를 바라는 마음으로 가슴 졸이며 살았다. 이것이 「최척전」의 배경이다.

공통 체험이 낳는 공감과 이해

임진왜란은 10여 년 가까이 계속되었다. 전쟁터에서 싸운 날은 정작 며칠 되지 않더라도 전쟁 때문에 출병했다가 특정 지역에 주둔하거나 포로가 되거나 혹은 온갖 이유로 복귀할 수 없어서 오랜 기간 객지를 떠도는 이들이 많았다. 조선만 해도 왜인 잔류병들을 만난 이들이 있었고, 임란 때 출병했던 명나라 사람들과 교제한 이들도 많았으며, 명과 후금과의 전쟁 후 포로가 되어 명나라 사람, 조선 사람, 후금 사람 등이 함께 섞여 지내는 경우도 많았다. 전쟁이 계속되며 접촉 횟수가 증가함에 따라 각국 사람들이 섞일 기회가 많아지고 교류도 잦아졌는데, 이런 현상은 필연적으로 상대에 대해 좀더 알 수 있는 기회를 주었다. 그래서 상대를 '어느 나라 사람' '아군' '적군' 등의 집합체로 파악하기보다 개별 인간으로 이해할 수 있었다.

섬진강 가에 쌓인 시신 더미 옆에 서서 최척은 아내와 아들, 부모까지 모두 잃었다며 자결하려 했으나 주변 사람들이 말려 죽지 못했다. 며칠을 먹지 못한 채 멍하니 일어날 힘조차 없던 최척을 일으킨 것은 명나라 장수인 여유문이었다. 여유문은 최척을 위로했다.

"내 집은 절강성 요흥에 있는데 가난하지만 먹고살 만은 하다오. 인생은 마음을 알아주는 사람을 만나는 게 중요하니 우리 함께 마음을 나누며 삽시다."

여유문은 최척을 매우 아껴서 한상에서 밥을 먹고 같은 이불을 덮고 잠을 잘 정도로 가까이 지내다가, 다시 살아야 한다고 그를 설득해 그와 함께 명으로 들어간다. 명나라 군의 회군 때 여유문은 최척을 전사한 병사 한 사람 대신 명부에 끼워넣어 국경을 통과하는 수고까지 해서, 결국 최척과 요흥에서 함께 살았다.

나라가 백성을 지켜주지 못할 때

극심한 고통을 겪고 나면 그 땅 자체를 떠나버리고 싶은 생각이 든다. 조선 사람들에게 임진왜란이란 바로 그런 고통을 의미했다. 그래서 임란 직후 세상을 버리고 산에 들어가 노장의 사상을 따라 살려는 사람들이 많아졌다. 한편으로는 임란이 진행되는 동안은 물론이요, 전란이 끝나고 명나라 군이 회군할 때 명나라 부대를 따라 명으로 가려는 사람들이 많았다. 최척이 명으로 간 것은 특이한 일이 아니었던 것이다.

조선 조정에는 이것이 또하나의 위기로 받아들여졌다. 그래서 명에 조선 사람을 데려가지 말 것을 공식적으로 요청했다. 『선조수정실록』 27년1594 8월 25일 기사에 선조가 승정원에 이런 전교를 내린 내용이 나온다.

어제 유총병이 답하여 보낸 외교문서〔回咨〕를 보니 우리나라 사람을 데려가지 말라는 것을 쾌히 승낙할 의사가 없는 듯하다. 여자는 그만두더라도, 이렇게 전쟁하는 시기에 장정은 한 사람이라도 어찌 아쉽지 않으랴. 이제 중국인이 데려가는 장정 중에 스스로 나오는 자가 있으면 천민은 양인으로 만들어주고 양인은 금군禁軍, 대궐 수비 등을 맡은 군사에 제수하여 입고 먹을 것을 주고 훈련도감에 소속시켜 특별히 보살피도록 하라. 혹시 미혹된 생각에서 깨지 못하고 나오지 않거든 병부兵部에 외교문서를 보내 모두 데리고 오라. 아니면 방문榜文을 많이 만들어 언문으로도 번역해서 믿을 만한 사람에게 부탁하여 그 속에 들어가 타일러서 이끌고 나오도록 하라. 유총병이 좋아하지 않을까 걱정이나 이는 사리상 올바른 일이다. 지금 기회를 잃고 도모하지 않으면 뒤에는 할 수가 없을 것이다. 비변사에 말하라.

명에 공식 요청을 했으나 명에서는 그다지 협조하지 않았다. 자신들에게는 별문제가 아니고 그들을 데려가 일을 시켜도 되며, 또 그 와중에 기술자라도 데려가면 도움이 될 것이었기 때문이다. 하지만 조선은 달랐다. 전쟁으로 인해 인구가 준 것도 문제이고, 그 와중에 조선의 화포 기술자 등이 유출되는 것조차 매우 염려스러웠다. 그래서 여러 당근을 내놓았다. 천민이 명군에 끼어 가다가 스스로 다시 나오면 양민으로 만들어주고, 또 양민이 가다가 나오면 금군으로 삼아 먹을 것과 입을 것을 제공해주라고 했다. 그야말로 신분 상승을 이룰 수 있는 기회를 제공하라고 했다. 동시에 돌아오라고 권유하는 글도 언문으로 배포하고, 그러고도 스스로 나오지 않는 자에 대해서는 직접 색출하는 작업까지 할 정도였다. 국경을 넘어버리면 억지로 할 수 없으니 때를 놓치지 말라는 선조의 말에서는 급박함이 그대로 느껴질 정도다.

왕이면 최고이고 좋을 것 같지만 전쟁에서 백성을 보호하지 못한 왕, 그렇게 하지 못한 조정은 백성의 외면을 받는다. 이것은 더할 나위 없는 위기이다. 백성 없이는 왕도 국가도 존재할 수 없기 때문이다.

고국보다 아버지

각각 다른 무역선을 타고 다니다가 베트남 어느 항구에서 기적적으로 만난 최척과 옥영의 사연이 전해지자 모두가 감동하며 그들의 행복을 빌었다. 비록 포로로 데려다 부리고 있는 상황이었지만 왜인 돈우 역시 감동하여 옥영을 그대로 보내주고 오히려 돈까지 주며 행복하게 살라고 했다. 베트남 항구에 있던 모든 사람들이 다투어 돈을 보태주는 장면은 감동적이기까지 하다. 그래서 결국 최척 부부는 제2의 결혼생활을 명나라에서 시작했다. 몽선이라는 아들도 낳았다. 비록 정유재란 때 헤어진 부모님과 첫아들 몽석의 생사를 몰라 늘 마음에 걸렸겠지만 몇 년의 고생 끝에 얻은 그만한 평화에도 감사했을 것이다.

그 아들이 장가들 나이가 되어 새롭게 나타나는 인물이 있다. 홍도라는 여인이었다. 최척 부부가 재회하여 살던 집 이웃에 홍도가 살고 있었다. 홍도의 아버지 진위경은 홍도가 태어난 지 두어 달 만에 조선의 전쟁에 명군으로 파견되었다. 홍도가 몽선과 혼인하기로 결심하는 대목이 「최척전」에는 이렇게 나온다.

홍도는 이모 손에서 자랐다. 항상 아버지가 남의 나라 땅에서 죽어 생전에 그 낮을 뵙지 못한 것을 안타까워했다. 한 번이라도 아버지가 돌아가신 나라에 가서 통곡하고 돌아오기를 소원했다. 늘 마음에 두고 한을 품은 것이 마음에 맺힐 지경이나 여자의 몸인 까닭에 어쩔 방법이 없었다.

조선 사람 몽선의 구혼 이야기를 듣고 홍도는 "최씨 댁 며느리가 되어 조선 땅에 한번 가보고 싶어요"라며 혼인을 허락한다. 혼인이라는 중대사를 결정하는 결정적 이유가 '전쟁으로 헤어지게 된 아버지'였다. 아버지의 출정 후에 어머니는 곧 돌아가시고 고아가 되어 이모와 살던 홍도는 아버지 얼굴 한번 못 본 게 한이 되었던 것이다.

결혼 후 얼마 만에 시아버지 최척이 다시 명과 후금의 전쟁, 즉 심하전투에 동원되어 갔다. 이 전쟁에 대해서는 나중에 「강로전」에서 자세히 이야기할 것이므로 여기에서는 더 설명하지 않는다. 최척이 심하전투에 가서 생사를 알 수 없는 지경이 되었을 때 시어머니 옥영은 죽기를 각오하고 조선으로 가겠다고 한다. 아들은 펄쩍 뛰며 말리지만 며느리 홍도는 적극적으로 찬성하고 나서며 말했다.

"아버지께서 전쟁터에서 돌아가셔서 유골이 타국에서 뒹굴고 혼령이 들풀 가운데 얽혀 있을 텐데, 그러고도 자식이 세상에 얼굴을 들고 다닌다면 어찌 사람이라 하겠어요. 요즘 소문을 들으니, 패잔병 중에 목숨을 건져 거기서 떠돌고 있는 사람이 상당히 많다고들 합니다. 자식의 정리로 요행을 바라지 않을 수가 없네요."

아버지에 대한 이산의 아픔을 절절히 안고 산 오랜 세월을 보여주는 것이다. 조선이 자기에게는 남의 나라이지만 아버지가 계신 곳이니 가겠다는 그 마음은 전쟁이 남긴 또하나의 표상이다. 그리고 당시 명나라에는, 혹은 왜국에도 이런 자식들이 여럿 있었을 것이다.

돌아가지 못한 잔병

후금의 포로가 되었다가 큰아들 몽석과 재회한 최척이 감시자의 도움으로 간신히 탈출하여 조선을 떠난 지 20년 만에 다시 조선에 왔다. 얼른 늙으신 아버지를 뵙고 싶어 길을 재촉하던 도중 등창이 났다. 제대로 먹지도 쉬지도 못한 채 먼 길을 간 탓이었다. 생명이 위험할 지경까지 이르렀을 때 도피중이던 명나라 사람 하나가 침을 꺼내 종기를 터뜨려 최척을 살려주었다. 사연을 물으니 그 사람이 말했다.

> "저의 성은 진이고 이름은 위경이며 집은 항주의 등용문 안에 있습니다. 만력 25년1597에 유제독의 군대에 들어가 진의 이동에 따라 순천에 왔지요. 어느 날 적의 정세를 염탐하다가 장군의 뜻을 거슬러 군법에 처해지게 되었을 때 밤중에 몰래 도망친 것이 오늘에 이르렀습니다."

알고 보니 그는 명에 두고 온 며느리 홍도의 아비였던 것이다. 도망자 신세가 되어 떠돌다 대구에서 박씨 성을 가진 사람 집에서 노파를 만나 침술을 배워 호구지책으로 삼고 있다고 했다. 진위경은 반가워하며 최척과 함께 남원으로 갔다.

진위경처럼 많은 이들이 갖가지 이유로 명군의 회군 후에도 조선에 잔류했다. 조선에 오래 머무는 동안 조선에 가족을 만들어서 차마 가지 못한 경우도 있었고, 진위경처럼 군법을 피해 도망하기도 했으며, 회군할 때 병이 있어서 함께 가지 못하고 잔류하게 된 사람, 명으로 돌아가더라도 생계가 막연한 사람 등이 조선에 남기도 했다.

명나라 잔류군은 조선의 입장에서는 골치 아픈 존재이기도, 도움이 되는 존재이기도 했다. 예컨대 『선조수정실록』 29년1596 2월 14일 조에 훈련도감에서 선조에게 아뢰는 이야기가 나온다. 화응춘과 이을이라는 두 사람이 조선에 남아 화약과 기계 만드는 기술을 전수하며 살고 싶다고 했다는 것이다.

> 사정을 자세히 물어보니, 그들은 본래 운남雲南 사람으로 고향이 9000여 리나 떨어진 곳인데 지닌 노자가 없어 돌아가고 싶어도 갈 수가 없으므로 이곳 사람이 되어 죽을 때까지 노역에 종사하겠다고 합니다. 또 그들에게 유홍룡柳興龍과 친한가 물었더니, 홍룡과 정이 두텁고 친하다고 합니다. 유홍룡은 곧 유총병의 도망병으로서 체포되어 죽임을 당한 자이니, 이들 또한 홍룡의 무리라 하여 죽을까 두려워 감히 돌아가지 못하는 것 같았습니다. 그들에게 독약 및 각종 화기火器를 제조하는 방법을 물으니 그들이 글로 써서 보였는데, 충분히 이해하는 것 같았습니다. 또 4월 초에 독약을 채취하고 이에 소용되는 모든 기구를 제조하여

실험해볼 것이라고 합니다. 이들의 소원대로 도감에 두어 총명하고 꼼꼼한 사람으로 하여금 그 기술을 다 배우게 함이 어떠하겠습니까?

사연을 조사해보니, 그들이 돌아가지 않겠다고 하는 이유는 두 가지였다. 하나는 중국 남쪽이 고향이라 너무 멀어 돌아갈 노자가 없다는 것이었고, 다른 하나는 자신들은 아파서 군대와 함께 움직이지 못한 것뿐이었는데, 명나라 유총병의 군대에서 도망쳤다가 체포되어 죽은 유홍룡과 아는 사이여서 같은 무리로 취급받아 죽을까 두려워서 못 가겠다는 것이었다. 확인해보니 이들은 실제로 화기 제조 기술도 있어서 쓸 만했다고도 했다. 이 보고를 받은 선조는 그들을 숨겨두어 다른 중국 사람이 모르게 하라는 전교를 내렸다. 이런 예에서 보듯, 조선은 명나라 잔류병을 이용하려고도 했다. 특별히 군사적 기술이 있는 사람들이 남고자 하면 조선에서 오히려 반기는 형편이었던 것이다. 명군 도망병을 오히려 명군 '잔류병'으로 선전하여 왜에 대한 견제 수단으로 삼으려는 논의도 있었다.

물론 부작용도 많았다. 너희 전쟁에 우리가 도와주러 왔으니 너희는 우리에게 빚진 셈이라며 오히려 오만하게 수탈을 일삼고 다니는 명군 도망병도 많았다. 특히 평안도 지역에는 도망병의 숫자가 많아 그들이 무리지어 다니며 백성들에게서 명주 등을 빼앗아갔다. 도망병의 폐해가 명군이 주둔할 때보다 열 배 가까이 크다는 언급이 실록에 나올 정도였다.

한편, 무리지어 다니지도 않고, 특별한 기술도 없었던 명군들은 어떻게 조선에 정착해서 살았을까? 일부는 말 그대로 뜨내기로 살기도 했고, 일부는 농사를 지으며 살기도 했지만, 그들이라 한들 두고 온 가족이 보고 싶지 않았으랴. 삶은 마음대로 되지 않을 때도 많아서, 수많은 '진위경'들이 조선에 남아 오늘날 우리 중 누군가의 조상이 되었을지도 모르는 일이다.

악한 국가 선한 사람

유교 이데올로기에서는 충 · 효 · 열이라는 세 가지 윤리를 강조한다. 무엇보다 군주를 아버지처럼 떠받드는 유교 국가에서 자식의 자리를 차지하는 백성이 국가를 떠난다는 것은 매우 심각한 상황이다. 국가의 존립 자체를 뒤흔드는 일이다. 그래서 조선에서는 함부로 국가를 이탈한 자는 사형에 처할 만큼 그런 행위를 엄격하게 규제했다. 하지만 전쟁이라는 현실 속에서 수많은 사람이 죽어가고 그 누구도 내 생명과 내 가족을 지켜주지 못하는 상황에 처하면서 국가나 윤리, 이념이라는 문제는 이미 잊히고 있었다.

「최척전」에서, 최척은 명나라 군대에 편입됐다가 후금의 포로가 되고, 큰아들 몽석은 조선군으로 와서 후금의 포로가 되어 함께 살았나가 극적으로 상봉했다. 이들 포로를 감시하던 한 노인이 이 사연을 알고 이들에게 자기 삶을 이렇게 털어놓았다.

> 두려워하지 마시오. 나도 삭주의 토병이었다오. 부사의 학정이 끝이 없어서 그 고통을 견딜 수가 없으므로 온 가족이 오랑캐 진영으로 들어온 지 10년이라

오. 여기 사람들은 성품이 정직하고 학정도 없더이다. 인생은 아침이슬 같은 것! 뭐하러 매질에 움츠리고 살겠소.

그가 던진 마지막 말은 당시 이어지던 전쟁 속에서 개인의 국가관이 바뀌고 인생관이 변화하고 있음을 잘 보여준다. 생명이 위협받는 상황, 가족조차 지킬 수 없이 뿔뿔이 흩어지는 상황, 국가가 백성을 보호해주기는커녕 이들을 전쟁터로 내몰고 수탈이나 하는 상황에서 국가의 경계나 이념은 희미해지는 것이 당연하다. 그래서 많은 사람들이 상황에 따라 자유롭게 움직이며, 국가나 이념에 얽매이기보다는 개개인의 인간관계나 가족에 집중했다. 그래서 이 작품에는 적으로 대치하는 왜병이 등장하기도 하지만, 조선 포로 옥영을 선대해주고 나중에 풀어주기까지 하는 선한 왜인 돈우가 나올 수 있었고, 남의 나라 병사 명군이 나오기도 하지만, 전쟁에 가족을 잃고 절망하는 조선 사람 최척을 일으켜 다시 살아가도록 격려한 명나라 사람 여유문이 그려질 수 있었다.

공동체의 가능성

동아시아에서 벌어진 여러 전쟁은 사람들의 이동을 낳았다. 17세기 전쟁 서사는 이전 시대에는 볼 수 없던 규모로 공간 배경을 넓혔고, 여러 작품에서 각각의 사연으로 각지를 다니는 인물 군상을 모두 포착하여 표현했다. 「최척전」은 일본, 조선, 만주 등의 북방, 중국, 안남까지 아우르며 서사가 진행된다. 이들 공간 배경의 확장은 작가의 의도에 따른 단순한 확장이라기보다 각 인물들이 전쟁의 상황에서 어쩔 수 없이 맞게 된 생활 영역 확대였다. 인생의 어려운 순간에 만난 사람들과의 관계가 깊어져, 단순히 아국, 적국, 우리나라 사람, 다른 나라 사람 등으로 관계를 나눌 수 없게 되는 상황에 이르렀다. 그래서 여러 사람이 국가를 넘어서 하나 되는 공동체를 이루기도 했다.

정유재란 때 헤어졌다가 몇 년 후 다시 만나 명나라에서 제2의 가정을 꾸민 최척과 옥영 부부, 그의 아들 몽선은 이웃 살던 명나라 사람 진위경의 딸 홍도와 한 가족을 이루었다. 그리고 나중에 다시 조선에서 최척의 부친과 옥영의 모친, 최척과 옥영 부부, 최척의 큰아들 몽석, 작은아들 몽선과 그의 아내 홍도, 홍도의 부친이자 명의 조선 잔류병이었던 진위경까지 모두 모여 하나의 공동체를 이루었다. 이뿐만이 아니다. 왜인 돈우는 남장을 한 옥영을 몹시 가련히 여겨 한 가족처럼 지냈다. 명나라 사람 여유문은 최척과 의형제를 맺었으며, 여유문이 죽은 후에 최척은 명나라 사람 송우와 지기로 지내며 함께 생활하면서 장사를 하러 다니기도 했다.

1990년대 중반 이후 냉전 구조의 해체, 동아시아 국가의 경제 발전, 유럽연합의 형성 등을 계기로 동아시아 공동체 논의가 떠올랐고 이는 여전히 진행중이다. 이 논의는 정치적 야심이나 경제적 이익과 따로 떼놓고 생각할 수 없겠지만, 이러한 논의의 방향은 '문화적 공동체', 국가주의가 아닌 '호혜와 공영'이라는 공통된 지향을 보이고 있다. 그리고 그런 이상은 공통된 경험이 쌓이고 교류가 활발해져 서로에 대해 잘 알게 되고 공감할 수 있을 때 더욱 잘 이룰 수 있다. 그런 차원에서 범박한 의미의 '동아시아 공동체'를 「최척전」 같은 작품에서 찾을 수 있다.

세 번의 결혼 다섯 번의 참전

:「김영철전」

왜란에서 호란으로 | 「김영철전」이라는 작품 | 전국이 수행한 전쟁 | 후금에서 맺은 아픈 인연 | 귀환 후의 풍경 | 전쟁 같은 삶 | 국가란 무엇인가? | 김영철을 평가하는 폭력

「김영철전」

명나라가 후금을 칠 때 조선에 파병을 요구했다. 양민 남성 김영철은 미혼의 19살 나이로 출병했다. 외아들이었기에 꼭 살아 돌아오라고 조부가 간절히 부탁했다. 김영철은 심하전투에서 패하여 포로가 되었다. 처형될 즈음에 후금의 장수 아라나가 영철이 죽은 자기 동생과 닮았다며 그를 살려 집으로 데리고 가서 제수와 혼인시키고 자기 말을 키우게 했다. 영철은 그곳 건주에서 아들 득북과 득건을 낳았지만 고향을 그리워하다가, 함께 포로가 된 명나라 사람 전유년 등과 함께 탈출하여 전유년의 고향 등주에 왔다. 거기에서 전유년의 누이와 혼인하여 득달, 득길을 낳았다. 몇 년 후 조선의 사신 일행을 태운 배가 등주에 정박했을 때 고향 사람 이연생을 만나 그의 도움으로 조선으로 돌아왔다. 전쟁통에 모든 것을 잃고 가난하게 살던 중 또다시 청나라가 명 등을 치는 전쟁에 동원되어 나갔다가 아라나를 만나 다시 죽을 고비를 겪기도 하고, 두고 온 아들을 만나기도 했다. 나중에 조선에 돌아온 후에는 다시 전쟁에 가지 않기 위해 자모산성을 지키는 병사가 되어 날마다 건주와 등주에 두고 온 처자식을 생각하며 슬퍼하다가 죽었다.

왜란에서 호란으로

조선시대에 일어난 전쟁을 생각하면 대부분 가장 먼저 떠올리는 것이 임진왜란이다. 그런데 사실 조선 후기를 이해하는 데 오히려 더 결정적이라고 할 수 있는 전쟁이 호란이다. 호란에서의 패배는 조선의 양반들이 결코 잊지 못할 치욕이었으며, 그 원수를 갚겠다고 그토록 "북벌! 북벌!"을 외쳤던 것이다.

'호'란 오랑캐를 말한다. 사실 중화사상에 의해, 중국을 중심으로 동서남북에 있는 나라, 거기에 사는 족속은 모두 오랑캐라고 불렀다. 하지만 조선은 스스로 소중화, 즉 작은 중국이라 일컬으며 자신은 오랑캐라 하지 않고 다른 나라를 오랑캐라 불렀다. 호란에서 '호胡'라고 부른 오랑캐는 여진족이 여러 부족을 규합하여 이룬 '후금'을 말하며 이 후금이 나중에 '청'으로 국호를 바꾼다.

그리고 호란이 휩쓴 시대를 살았던 보통 사람의 삶을 그려놓은 것이 바로 「김영철전」이다. 김영철은 장수도 아니었고, 영웅도 아니었으며, 양반 벼슬아치도 아니었다. 그저 그 시대에 살았던 평범한 한 양민 남자였다. 그래서 그가 겪은 삶은 그 시대 보통 사람들의 삶을 생각해볼 수 있게 하는 좋은 창이 된다.

앞에서 정리한 것처럼 17세기 조선은 수많은 전쟁을 치러야 했다. 김영철이 살았던 시기에 벌어진 전쟁만 정리해도 이렇다.

1619년 명나라가 후금을 칠 때 조선군이 원병으로 파병됨. 조명연합군이 심하 전투에서 패함.

1627년 정묘호란이 일어남. 후금에 조선이 패배.

1636년 12월부터 1637년 1월까지 병자호란. 청에 조선이 패배.

1637년 2월 청의 요구로 가도평북 철산군 공격에 파병.

1640년 청이 명의 개주를 칠 때 청의 요구로 파병.

1641년 청이 명의 금주를 칠 때 청의 요구로 파병. 대장군은 유림.

1654년 청이 러시아를 칠 때 청의 요구로 파병. 대장은 변급. 1차 나선정벌.

1658년 청이 러시아를 다시 칠 때 파병. 대장은 신류. 2차 나선정벌.

30~40년 사이에 얼마나 많은 전쟁이 있었는지 한눈에 볼 수 있다. 개인의 삶을 배제하고 역사적인 사실로만 정리했을 때 전쟁 목록은 위와 같았다. 그런데 이 연표를 김영철이라는 개인의 삶을 중심으로 다시 정리하면 이렇다.

1619년 심하전투에 참가해 포로가 됨. 청의 아라나에게 팔려 1625년까지 심양에서 생활.

1625년 아라나에게서 탈출하여 1631년까지 명의 등주에서 생활하다 조선 사신의 배로 몰래 귀국.

1637년 청의 가도전투에 참가. 조선 영유현 현령의 명으로 청의 진영과 연락하는 업무를 수행.

1640년 청의 개주전투 참가. 임경업의 수하가 되어 명과의 내통 업무 수행.

1641년 청의 금주전투 참가. 유림의 명으로 청과의 군사 연락 업무 수행.

1658년 이때부터 20년 동안 자모산성 방어군.

위에 나타나 있지는 않았지만 그가 귀국한 해가 1631년이니 1636년부터 1637년까지 벌어진 병자호란 때에도 전쟁터에 있었을 것이다. 그렇다면 그는 일생 동안 다섯 번의 전쟁에 참여해야만 했다.

그는 19살에 미혼인 상태에서 처음 전쟁에 나가기 시작했다. 이후로 그의 평생이 줄곧 전쟁 그 자체였다. 나중에 이르러서는 이 외에 또다른 전쟁에 차출될까봐 아예 다른 국방 임무에 자원하기까지 했다. 김영철뿐만 아니라 그로 대표되는 조선 중기 남자들의 삶이 그랬다. 이들에게 전쟁은 무엇인가? 혹은 이들에게 전쟁은 무엇을 지키고자 하는 것이었을까? 또 이들에게 전쟁에 나가라고 떠민 국가란 무엇인가?

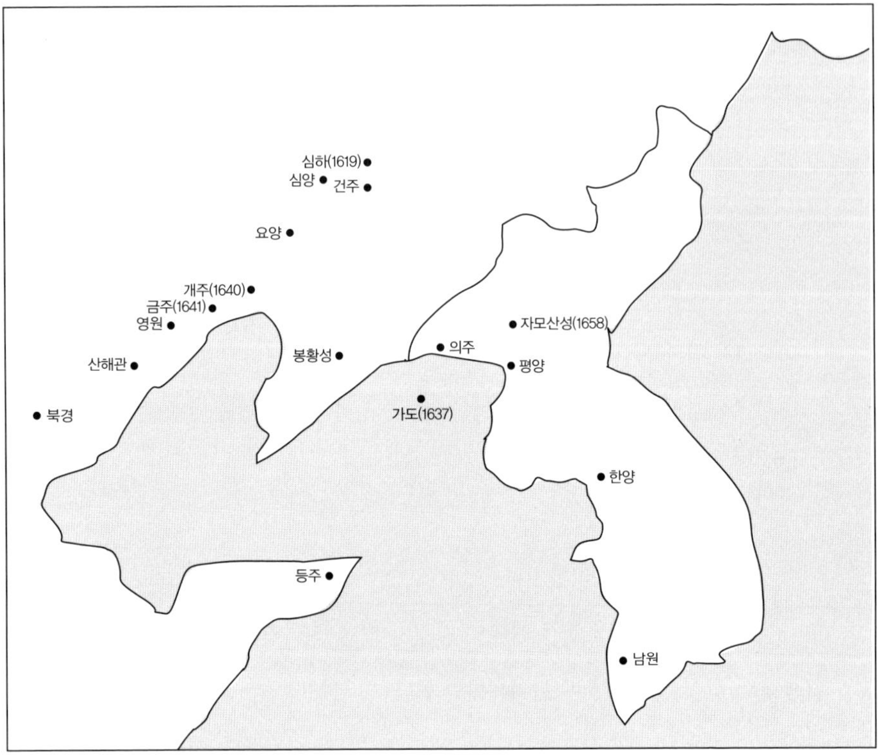

김영철 생애 관련 지명 및 당대 주요 전투지

「김영철전」이라는 작품

김영철에 대해서는 여러 사람이 기록을 남겼다. 조선 중기의 문인 홍세태 1653~1725가 쓴 「김영철전」이 있고, 다른 사람이 같은 제목으로 쓴 조금 더 긴 소설도 있다. 「김철전」이라는 제목의 한글 작품도 있다. 소설이 아니라 문집에 일반적인 기록으로 김영철의 일을 남기고 개인의 생각을 표현해놓은 글도 많다. 그가 많은 전쟁에 참여했다는 것뿐만 아니라 포로로 잡혀서도 탈출해 돌아온 것이 눈길을 끌어 많은 사람이 글을 남긴 것이다. 우리가 살피려는 작품은 홍세태의 것이다. 김영철1600~1684의 생몰년을 고려했을 때 홍세태가 이 글을 쓴 것은 숙종 연간인 1717년이다.

전국이 수행한 전쟁

흔히 전쟁이라 하면 무기를 들고 적과 대치하여 싸운 병사들만 생각한다. 하지만 조금만 깊이 생각해보면 전쟁이란 장면이 달리 보일 것이다. 1619년 심하 전투 당시 조선은 약 1만 5000명을 파병했는데 이중에 전투 병력은 1만 명 정도였다. 『광해군일기』 10년1618 7월 4일 조에 보면 명나라의 요구에 따라 조선 정부에서 보내는 군대의 장수와 규모 등을 명에 전달하는 외교문서가 나온다. 이에 따르면 조선군은 강홍립을 도원수로 하고 김경서를 부원수로 하여 군대를 구성했는데 병사 수는 화기를 다루는 포수 3500명, 활을 쏘는 사수 3500명, 나머지 창 등으로 백병전을 치르는 살수殺手 3000명으로 총 1만 명이었다. 이들을 어느 지역에서 각각 몇 명씩 차출했는지까지 자세히 적었다. 평안도가 3500명으로 가장 많았고 전라도가 2500명, 충청도와 황해도에서 각각 2000명씩을 모았다 했다. 이 네 개 도에서 집중적으로 인원을 차출했다.

전투병력만 필요한 것이 아니었다. 싸움은 물자로 한다. 무기도 계속 공급되어야 하고, 싸우는 사람은 먹어야 하고, 입어야 한다. 그러므로 전투병력 이외에 무기, 군량, 군복 등의 군수물자를 마련하는 사람, 군대의 이동을 따라 이것을 수송하는 사람들이 있어야 한다. 이들이 또 많았다. 당시 전투병력 이외의 인원이 5000여 명이었다는 말이다.

그럼 전투병과 물자수송병 등 1만 5000명만 전쟁을 치른 것일까? 그렇지 않다. 1만 명이 먹고 입을 것도 마련해야 했다. 전쟁이 하루이틀에 끝나지 않고, 전투장으로 걸어서 이동하는 데만도 몇 개월이 걸렸던 것을 생각해보자. 그러면 물자는 얼마나 필요했을까? 누가 이 비용을 마련하는가? 후방의 백성들이다. 광해군 10년 10월 22일 기사에 보면 비변사가 이런 장계를 올린다.

> 지금 강홍립의 장계를 보건대, 양서의 군사들은 얇은 홑옷을 입고 있고 남방의 군졸들은 추위를 견디지 못해 지금 초겨울인데도 이미 동상에 걸리고 있다 합니다. 이번 서쪽으로 정벌을 나가는 장수와 군사들에게 관에서 지급한 군장이 충분치 못했고, 서울을 나갈 때 먹이고 격려하던 날에도 면포綿布는 한 필도 지급하지 않은 채 단지 막걸리 한 사발만 먹였습니다.

10월 22일이라면 음력이니 양력으로 하면 11월에서 12월 사이다. 압록강 근처의 북방이 얼마나 추웠을지 상상해보자. 그런데 가난한 조선 사람들은 그저 홑옷을 입은 채 출정했던 것이다. 비변사의 이 장계로 인하여 원정군에게 지급할 방한복을 만들 면포를 마련하기 위해 도성 주위의 백성들에게 면포를 강제로 할당하는 조처가 취해졌다.

옷이야 한번 만들면 한참 입는다지만 먹을 것은 매일, 매끼 먹어야 한다. 군량을 확보하기 위해서 또 전국적으로 농민들이 수탈의 대상이 되었다. 그 수탈을 견디지 못해서 야반도주하고, 유민이 되어 떠도는 사람들도 점점 많아졌다.

명나라에서는 병력만 요구한 것이 아니었다. 당연히 전쟁에 쓸 물품도 달라고 했고, 전쟁에 쓰는 말도 1000필이나 요구했다. 조정은 물품을 살 은을 마련하려고 동분서주했고, 그래서 백성들 중 일부는 은 채광에 동원되어야 했다. 조정은 말을 마련하기 위해서도 동분서주했다. 그래서 또 일부 지역에서는 말을 강제 징발당했다. 이처럼 전쟁은 전쟁터에서만 치러진 것이 아니다. 조선이라는 나라 전체가 전쟁으로 인해 고통받아야 했다.

김영철은 포로가 됐다가 가까스로 살아 돌아왔다. 출정했던 사람 1만 5000명은 어떻게 되었을까? 『광해군일기』 11년1619 5월의 기록에 따르면 비변사는 조선 군사가 최대 9000여 명 전사했다고 보고했다. 일부 건장한 사람은 후금군으로 편입되기도 하고, 일부는 탈출하고, 일부는 나중에 정식으로 송환되기도 했지만 그런 경우는 극소수에 지나지 않았다.

흔히 명과 후금의 전투에서 조선군은 제대로 싸우지도 않고 그냥 항복하여 모두 포로가 되었다고들 한다. 하지만 그렇지 않다. 전쟁터는 그렇게 호락호락하지 않았다. 옆에서 누가 죽어나가면 자연스레 싸우게 되기도 하고, 그러다보면 격해지기도 한다. 무조건 호의로 적을 살려주는 법도 없다. 심하전투에서는 최대 9000여 명이 전사했다 했고, 전사한 사람은 대체로 전투병력일 테니 1만 명 중 9000여 명이 전사했다는 뜻이다. 10명 중에 9명은 죽었다. 전쟁이다. 남의 나라 전쟁에 힘이 없어 끌려가서 죽은 조선 사람이 열에 아홉이었다. 그리고 그

숫자에 비례하여 또 그만큼 많은 사람들이 아버지와 아들과 조카와 남편을 잃은 사람이 되었다. 이것이 심하전투의 본모습이다.

전쟁은 승자에게나 패자에게나 흔적을 남긴다. 누구는 죽고 누구는 다친다. 그 수의 많고 적음은 아무 의미가 없다. 죽고 다친 사람이 소수라도 그 소수 중에 내가 끼어 있고, 내 가족이 끼어 있으면 더이상 숫자는 아무 의미가 없다.

17세기 동아시아에는 여러 번의 전쟁이 있었다. 여진족의 나라 후금이 나중에 국호를 청이라 하여 이후 동아시아를 제패했다. 하지만 그 사이에 그들도 많은 전쟁을 치렀고 그러는 사이 사람이 죽었으며 그들에게도 가족이 있었다. 중원의 큰 나라 명나라는 후금의 성장에 밀려 그들과 여러 번에 걸쳐 전쟁을 하다가 결국 망했다. 그러는 사이 많은 사람이 전쟁에 동원되어 포로가 되거나 다치거나 죽었다. 처음에는 큰 나라 명의 명령을 받들고, 나중에는 신흥 강대국 청의 명을 받들어 여러 번 남의 전쟁에 참여해야 했던 조선에서도 수많은 사람들이 전쟁터에 참여했다가 포로가 되고 다치고 죽었으며 그들에게는 가족이 있었다. 「김영철전」은 여러 나라 사람의 이런 아픔을 잘 담고 있다.

후금에서 맺은 아픈 인연

명과 후금 사이의 전쟁에 어쩔 수 없이 끌려나와 심하에서 전투를 하던 조선군은 후금의 포로가 되었다. 그러나 우연히 조선군 진영에서 후금군의 머리를 베어 보관해둔 것이 발각돼 조선군 상당수가 참수되었다. 김영철도 순서를 기다리고 있는데 후금 장수 아라나가 김영철을 뚫어져라 보더니 누르하치에게 말했다.

"제 아우가 전투중에 죽었는데, 이 사람의 얼굴이 제 아우와 비슷합니다. 목숨을 살려서 저에게 주십시오."

누르하치는 그렇게 하라고 하면서 김영철은 물론이요 명나라 포로 다섯 명도 종으로 그에게 주었다.

아라나가 김영철을 살린 이유는 무엇인가? 단지 죽을 위기에 처한 낯선 사람의 목숨을 불쌍히 여겨서만은 아니었다. 아우를 전쟁통에 잃은 슬픔 때문이었다. 그 아픔을 늘 가슴에 안고 살다 동생을 닮은 사람이 보여 얼른 살린 것이다. 닮은 사람으로나마 아픔을 달래보려는 마음에서였다.

아라나가 김영철을 데리고 돌아가니 가족들이 모두 영철을 보고 깜짝 놀랐다. 죽은 사람이 다시 살아왔는가 여겼다고 했다. 「김영철전」에는 그를 제수, 그러니까 죽은 동생의 아내와 혼인시켰다고 했다. 그야말로 동생이 아직 살아 있다고 믿고 싶은 마음이었을 것이다. 아라나는 물론이요 온 가족이 죽은 사람을 놓지 못하여 김영철을 통해 '죽은 사람'의 죽음을 부인해보고자 하는 처절한 몸부림이 드러나는 대목이다. 후금은 분명 승자였다. 전쟁 때마다 이겨 동아시아 전역을 다스리는 강대국이 되었다. 하지만 강대국에서도 사람은 죽었고, 그 아픔에 처절히 아파하는 가족들이 있었다.

김영철은 아라나의 제수와 혼인하여 두 아들을 두었지만 늘 할아버지의 말씀을 기억하며 살아 조선에 돌아갈 날을 꿈꿨다. 그러다 함께 포로가 되어 있던 명나라 사람 전유년 등과 함께 탈출하여 우선 전유년의 고향 등주로 갔다. 전유년의 집에도 전쟁에 아들을 보내놓고 소식을 몰라 가슴 졸이던 부모와 형제와 이웃이 있었다. 온 사람들이 한데 모여 부둥켜안고 울었다. 결국 김영철은 함께 살아 돌아온 전유년의 누이와 혼인했다. 또 두 아들을 낳고 살았다.

소설의 주인공은 김영철이지만 그 아내의 시각에서 생각해보자. 전유년의 누이이자 김영철의 아내인 한 여인이 불안 속에 살았던 것이 드러난다. 늘 조선쪽 하늘만 쳐다보는 남편! 자기와 살고 있으되 자기가 채워줄 수 없는 무언가를 안고 있는 남편! 어느 날 남편 얼굴에서 눈물 흔적을 발견하고는 가슴이 철렁한다. 김영철은 조선의 사신이 타고 온 배에서 고향 사람 이연생을 발견했는데, 그로부터 아버지의 전사 소식과 조부와 어머니의 생존 소식을 듣고는 통곡하면서 조선으로 탈출하도록 도와달라고 했다. 아내는 이처럼 자세한 사정은 알지 못했지만, 남편의 얼굴을 보고 불안감을 감추지 못한다. 누가 이 여인을 이렇게 살게 했는가?

어느 날 영철은 아내와 술상을 놓고 앉았다. 이번 기회를 놓치면 언제 조선으로 갈 수 있을지 모르지만, 차마 아내와 자식을 두고 가지도 못할 노릇이라 마음이 널을 뛰었다. 아프고 안쓰러운 마음과 갈등 속에 아내와 술을 마시다 아내가 잠든 틈에 배로 가서 갑판 판자를 뜯어내고 숨었다. 술에서 깬 아내! 남편이 없는 것을 알고 가슴이 철렁 내려앉았다. 사람을 데리고 조선의 배에 가서 샅샅이 찾았지만 찾지 못했다.

갑판 밑에서 김영철은 아내의 목소리를 듣지 않았을까? 아내에게 못할 짓을 한다는 죄책감과 지금이 아니면 고향으로 갈 수 없다는 생각에 거기에서 입술을 깨물며 울음을 삼키지 않았을까?

한참 후 이연생이 다시 배를 타고 등주에 갔을 때까지도 영철의 아내는 아직 영철을 찾고 있었다. 그러고는 연생에게 간절히 말한다.

"제발 말해주세요. 이제 뱃길도 끊긴다는데…… 이 사람 갔나요?"

"네."

그제야 아내는 포기한다.

"그토록 가고 싶어하더니 뜻을 이뤘네."

기쁘기야 했을 것인가. 다만 그 처지도 이해하기에 그제야 마음으로 보내주었던 것이다. 이후 이 여인은 또 어떻게 살아갔을 것인가.

김영철이 할아버지의 말씀을 굳게 지켜 결국 고국으로 돌아왔다는 소식을 들은 어떤 사람은 '그는 효행이 깊은 사람이다'라면서 자기 딸을 그와 혼인시켰다. 그래서 김영철은 세번째 혼인을 한다. 김영철이 효자라서 여자의 부모가 김영철과 혼인하게 하였다는 것, 그리고 그들 사이에 자식을 두었다는 것만 언급될 뿐, 그 세번째 결혼으로 이룬 가정의 삶에 대해서 소설은 한마디도 더 쓰지 않았다. 다만 이전 결혼과 거기서 난 아이들, 그리고 그들을 생각하는 아버지 김영철의 모습을 그렸을 뿐이다. 김영철은 아라나의 제수와 결혼해 득북, 득건을 낳았고, 전유년의 누이와도 득달, 득길을 두었다. 그리고 김영철은 그 자식들을 그리워했다. 그렇다면 세번째 결혼한 김영철의 아내 또한 어떻게 살았을 것인가 짐작할 만하다. 껍데기만 있는 것 같은 남편을 바라보며 하염없이 외로워하지나 않았을지 모르겠다.

몇 년의 포로 생활과 탈출, 방황 끝에 조선으로 돌아간 김영철에게 조선은 안식을 주지 못했다. 약한 나라 조선은 그럴 힘이 없었다. 청에 이끌려 출전할 수밖에 없었다. 이전의 고생한 경험 때문에 여진족의 말도, 명나라의 말도 할 줄 아는 김영철은 당연히 징병되어 연락병 역할을 하게 되었다. 그러던 와중에 아라나가 김영철을 발견하고는 그를 죽일 듯 달려든다. 누르하치의 만류로 간신히 살아났지만 또 한번의 죽을 고비를 넘긴 김영철! 죽이고 싶을 만큼 미운 김영철이었지만 아라나는 조카들을 생각했다. 아들 득북이 벌써 커서 종군해 있었던 것이다. 부자가 마주보고 부둥켜안고 울었다. 그때 득북의 마음은 어땠을까? 어머니와 동생과 자기를 버리고 간 아버지에 대한 원망이 왜 없었을 것인가. 그럼에도 아버지는 한 분뿐이기에 그분을 또 얼마나 그리워했으랴. 아버지 김영철 역시 아들을 편한 마음으로 보았을 것인가. 반가움과 함께 죄책감, 회한의 감정이 뒤섞였을 터.

아들 득북은 복잡한 심정을 뒤로하고 이날부터 매일 밤 술과 음식을 차려와 영철에게 대접했다. 헤어져야 할 때가 다가오자 아버지 김영철은 자기가 타던 말을 아들에게 주며 집에 있는 동생 득건에게 주라고 했다. 아무것도 해줄 수 없는 아버지, 미안하고 또 미안한 아버지의 모든 것이었다.

귀환 후의 풍경

전쟁의 아픔을 안고 사는 또 한 사람의 삶이 이 작품에 있다. 김영철이 심하 전투에 나갔다가 포로가 되고, 아라나에게 이끌려 건주에 살다가, 전유년과 함께 등주에 사는 등의 시간을 거치는 동안 김영철의 아버지 역시 전쟁터에 끌려

나가지 않을 수 없었다. 그러다 안주전투에서 사망했다. 그동안 김영철의 어머니는 아들도 남편도 전쟁터에 보내놓고, 의지할 데라고는 없어서 친정에 기대 살고 있었다. 그러다 아들이 뜻밖에 살아오자 통곡했다. 그렇게 아들을 만나고 나서는 마음속에 늘 품고 있던 일을 하러 떠난다. 안주에서 죽었다는 남편! 비록 그 시신은 찾지 못했지만 죽은 남편의 넋이나마 달래주고 싶었기에 여인은 남편의 옷을 품에 품고 아들과 함께 안주로 갔다. 그러고는 안주성에 올라 사방을 두루 돌며 통곡하면서 그 옷을 흔들며 남편의 혼을 불렀다. 그러고는 아들 영철에게 부탁한다. "내가 죽거든 꼭 이 옷을 함께 묻어다오." 함께 오래 살지도 못하고, 죽음도 함께하지 못한 남편, 주검도 찾지 못한 남편! 그 남편의 옷이나마 간직하여 함께 묻히고 싶은 한 늙은 여인의 바람!

한편, 김영철은 고국에 돌아와서도 전쟁의 근심에서 완전히 벗어나지 못했다. 부모 된 입장에서 자기가 무척 고생을 하면 자식에게는 절대 같은 고생을 물려주고 싶어하지 않는다. 자기가 못 배워서 서러웠으면 악착같이 자식은 공부시키려 하고, 자기가 아파서 고생했으면 자식의 건강에 모든 것을 다 쏟는다. 인지상정이다. 평생 온갖 전쟁에 끌려다니며 죽을 고비를 여러 번 넘기면서 처참하게 외로웠던 김영철은 당연히 자기 아들들은 전쟁에 끌려다니지 않게 하고 싶었다. 자기 평생에 펼쳐졌던 전쟁, 그 전쟁이 그칠 것 같지 않아 더욱 불안했던 것이다. 결국 영철은 조선에 돌아와서 자모산성을 고치며 방비할 병사를 모집하는 데에 자원한다. 거기에 응하면 군역을 면제해준다고 했다. 자모산성은 평안도 자산군에 있던 산성이다. 그래서 그는 조선에 돌아와서 얻은 네 아들과 함께 서둘러 갔다. 김영철의 나이는 이미 예순이 넘은 때였다. 그 나이까지 징병을 걱정하며 국방에 동원되어야 했던 것이다. 다만 먼 전쟁터에 가지 않은 것을 다행으로 여기며 늙어가는 한 양민 남성의 모습이 이 작품에 담겨 있다. 그런 삶을 20년 넘게 살다가 그는 84세에 죽었다.

전쟁 같은 삶

김영철은 열아홉 살에 처음 전쟁터에 나가기 시작하여 예순이 넘어서도 성을 지키는 병사가 되어야 했다. 어쩌면 그의 삶 자체가 전쟁과도 같았을지 모른다. 예순 넘은 나이에 성을 지키고 있노라면 온갖 생각이 들었을 것이다. 작품 맨 마지막에는 자모산성을 지키며 서 있는 김영철의 모습이 이렇게 묘사되어 있다.

> 영철은 하릴없이 가난속에서 늙어갔다. 마음에 불평하는 마음이 생길 때마다 성에 올라 북쪽 건주와 서쪽 등주를 바라보았다. 처연히 서글픈 생각이 떠올라 눈물이 흘러 소매를 적셨다. 항상 사람들에게 이렇게 말했다 한다. "처자식이 내게 잘못한 것이 없는데도 내가 그들을 등져, 두 지역에 있는 처자식이 평생토록 슬퍼하게 했으니, 오늘 내가 이 지경으로 곤궁한 것이 하늘이 내린 재앙이 아니겠는가."

왜 건주를, 등주를 바라보는가? 두고 온 처자식이 생각나서다. 왜 서글픈 생각이 드는가? 나는 왜 그들을 그렇게 두고 올 수밖에 없었는지를 생각하다보면 새삼 자신의 처지를 깨닫게 되기 때문이다. 왜 우는가? 그들에게 무척 미안하기 때문이다. 그런 생각을 하다보면 평생 가난하게 살며 늙도록 이러고 있는 것은 '내 죗값이다!' 생각했을 것이다.

하지만 문득문득 이런 생각도 들지 않았을까? '나도 억울해. 왜 나는 평생 전쟁터에 나가야 했지? 나에게 전쟁이란 건 무엇이었을까? 나를 전쟁터로 내몬 나라는 도대체 내게 뭘 해준 거야?'

김영철에게 국가는 무엇이었을까? 강국의 힘에 밀려 자국 백성을 전쟁터에 내몰면서까지 국가가 지키려 한 것은 무엇일까? 약소국인 조선으로서는 어쩔 수 없었음을 생각하더라도 국가의 요구에 삶을 저당잡혀야 했던 개인은 억울한 심정에서 한번 소리쳐봄직할 것이다. 국가는 무엇인가? 무엇을 위한 전쟁이었나? 개인에게 국가란 무엇인가?

국가란 무엇인가?

「김영철전」에는 몇 가지 눈에 띄는 장면이 있다. 병자호란에서 승리한 청이 명나라가 주둔하고 있던 가도를 칠 때였다. 청군은 조선의 영유현에 주둔하면서 조선에 파병을 요구했고, 김영철은 포로가 되었던 경험 탓에 청나라 말을 할 수 있었기에 연락병으로 청나라 진영에 갔다. 이런 장면이 있다.

어떤 오랑캐 장수가 영철을 보고는 그를 붙잡으며 말했다. "이놈은 우리 숙부

종놈이다. 말을 훔쳐 달아나 우리 숙부께서 늘 분해하셨다. 내가 이제 이놈을 붙들어 가겠다." 현령이 민망히 여겨서 자기가 다던 말을 아라나에게 주고 또 그 밖의 다른 물건도 주었다. 그래서 영철이 풀려날 수 있었다.

그런데 여기에서 끝났으면 좋으련만, 바로 이어지는 서술은 이렇다. "훗날 현령은 자기 말 값을 영철에게 모두 받아냈다."

비슷하게 씁쓸하고 안타까운 장면이 또 있다. 청나라는 명나라를 완전히 멸망시키기 위해 여러 번 전쟁을 일으켰고 그때마다 조선군의 참전을 요구했다. 조선은 응할 수밖에 없었다. 1641년 청과 명의 금주전투에 동원된 조선군에 김영철도 끼어 있었다. 청나라측에서 아라나가 연락장수가 되어 조선군에 왔다가 영철을 보았다. 아라나는 불같이 화를 내며 김영철의 배은망덕함을 꾸짖으면서 그를 죽이려 들었다. 조선군 대장군 유림이 아라나를 간신히 달랬다. 전에 살려주고 지금 죽인다면 전에 살려준 공덕이 헛수고가 되는 것 아니겠냐고, 영철은 자신이 대신 벌주겠다고 했다. 그러고는 아라나에게 가는 잎담배 200근을 김영철의 몫값으로 대신 치렀다. 그래서 위기를 모면할 수 있었다. 그런데 조선 장수 덕에 영철이 살았다는 것으로 이야기가 끝나면 좋으련만 한참 뒤에 또 이런 대목이 나온다.

몇 달 뒤 교대할 군대가 오자 영철은 봉황성으로 돌아갔다. 유림이 영철에게 말했다. "금주에서 네 몸값으로 치른 잎담배는 호조의 군수물자였으니 네가 갚도록 해라." 영철이 집으로 돌아온 몇 달 후에 호조에서 관향사에게 문서를 보내

영철에게서 은 200냥을 독촉해 받게 했다. 영철은 노새를 팔고 온 집안 기물을 다 쏟았지만 겨우 반 정도밖에 마련하지 못했다. 나머지는 마련할 수 없어 친척의 도움을 구했지만 그것도 부족했다. 이 이야기를 들은 이들이 모두 민망히 여겼다.

국가기관 호조의 물자이니 다시 이를 채워넣는 것은 관리로서 해야 할 일이긴 하겠지만, 국가를 위해 징병되었다가 간신히 돌아온 사람, 또 국가에 동원되어 그 외국어 실력 때문에 연락병이 되어야 했던 사람을 국가가 구해줄 수는 없었는지 안타깝기만 하다. 자기가 가진 것을 다 털어 바치고 친척의 도움까지 받아도 몸값을 다 갚지 못했다는 말에 더 할 말을 잃는다.

이 부분이 못내 안타까운 것은 당시 사람도 마찬가지였나보다. 작품을 쓴 홍세태도 작품 맨 마지막에 김영철의 삶을 정리하면서 이렇게 적었다.

가도를 칠 때에 사지에 출몰하며 수고를 다했지만 그 공이 기록되지도 않았고, 손톱만큼의 상도 내려지지 않았다. 오히려 현령은 말 값을 찾아갔고 호조도 잎담배 값을 독촉하여, 그로 하여금 늙어서도 성을 지키는 병사가 되어 곤궁한 중에 우울하게 죽게 했다. 이것이 무슨 천하의 충성스럽고 뜻있는 사람을 격려하는 방식이란 말인가.

김영철을 평가하는 폭력

홍세태는 김영철의 삶을 서술하면서 국가에 대한 아쉬움과 안타까움을 토로했지만 많은 이들은 다른 면을 언급했다. 김영철의 삶은 당대 조선 사람이 봐도 특별한 것이라 그의 행적을 두고 이런저런 평가를 내린 사람이 많았다.

모산茅山 이동완李棟完, 1651~1726은 "건주의 사랑하는 자식들과 등주의 현명한 아내를 모두 돌아보지 않고 탈출하여 고생 끝에 고국으로 도망쳐온 것은 부모 때문이었다. 지극한 정성이 아니면 어떻게 그렇게 했겠는가. 아아! 김영철은 진정 효자로다. 제 처자 때문에 부모 봉양하기를 돌아보지 않는 자들은 무슨 생각을 가지고 있단 말인가"라 했다. 김영철이 고향에 돌아온 것은 부모를 봉양하기 위해서라고 했다. 그래서 다른 곳에 처자식을 두고 온 것을 잘한 일인 양 칭찬하며 오히려 그렇게 하지 않는 이들을 비판하는 맥락에서 김영철의 삶을 칭송했다.

삽교雪橋 안석경安錫儆, 1718~1774도 김영철에 대해 쓰면서 "김영철은 온 마음을 다하여 온갖 방법을 써서 끝내 돌아왔다. 명·청 두 나라에 처자식을 두지 않았더라면 부부간에, 부자간에 지켜야 할 도리를 상하게 하지 않을 수도 있었을 것이다"라고 했다. 존재存齋 박윤묵朴允默, 1771~1849은 "김영철이 남북을 유리하며 몸을 움직여 저 먼 곳에서 끝내 우리 땅에 돌아오기까지 만 번 죽을 고비를 넘긴 것은 오직 어버이 섬기기를 알고 도리를 중요하게 여겼기 때문이니 어찌 처자식에 대한 애련한 정을 논하랴"라고 했다.

한마디로 김영철에 대한 조선 문인들의 대체적인 평가는, 그가 꼭 돌아오라는 할아버지의 말씀을 기억하고 돌아와 어머니를 섬기고 할아버지를 섬기며 대를 이은 효자였다는 것이다. 효를 위해서라면 처자식을 이국땅에 두고 탈출해 온 것은 오히려 잘한 일이라고까지 말한다. 아니 오히려 혼인하지 말아서 처자식을 아예 두지 말 것이지 괜히 두어서 갈등을 남겼느냐고까지 한다.

하지만 이 얼마나 폭력적인 평가인가? 김영철이 건주에서 아라나의 식구와 살 때 탈출할 수 있을 것이라고 생각할 수 있었을까? 또 등주에서 살 때 얼마 후에 조선으로 돌아갈 수 있을 것이라고 생각이나 할 수 있었을까? 물론 얼마 후 돌아갈 수 있을 것을 알았다면 그 역시 처자식을 두지 않았을 수도 있다. 하지만 이것을 미리 알 수 있는 사람이 누가 있을까. 아라나는 적장이다. 적장에게 포로처럼 끌려와 하게 된 혼인인데, 어떻게 거절할 수 있었을 것인가. 또 등주에서도, 명나라가 이미 청나라에 밀리고 있는 판에 청에서 도망 온 포로였던 김영철이 청이 있는 동북쪽 육지를 지나 조선으로 돌아갈 꿈을 꿀 수 있었겠는가. 그런데 그런 일을 겪은 김영철에 대해 나중에 책이나 말로 전해 듣기나 한 사람이 윤리, 도덕, 효도를 말하면서 "결혼하지 말 것이지……" 한 것이다.

또 김영철이 몇 년 후에 돌아갈 수 있는 가능성을 조금이라도 생각했다 한들 적진에서, 포로가 되어, 혹은 외톨이가 되어 하루하루를 무슨 힘으로 살아갈 수 있었을 것인가? 그 외로움은 무슨 수로 이긴단 말인가. 아내가 있어서 그 하루의 외로움을 버텼고, 자식이 생겨서 그 웃는 모습에 잠시나마 미소라도 띄우며 하루하루 죽지 않고 살 수 있었던 건 아닐까. 그런 처절한 하루하루를 모르는 나중 사람이 함부로 내리는 평가가 얼마나 폭력적인지 그들은 알기나 했을까.

빚 갚는 파병

:「강로전」과 「김장군전」

두 가지 진리 | 재조지은 | 망해가는 명나라, 흥하는 후금 세력 |「강로전」이라는 소설 | 심하전투를 기억하는 방식 | 광해군의 외교정책 | 김응하도, 강홍립도 있어야 |「김장군전」 엿보기 | 광해군의 몰락, 북인에서 시인으로 | 사실과 왜곡 | 포로가 된 강홍립의 행동거지 | 지조 있는 정보 요원 | 집단의 평가와 개인의 울분 | 당위론의 이면

「강로전」

명나라가 후금을 칠 때 조선에 파병을 요청하자, 조선은 강홍립을 대장군으로 하여 원병을 보냈다. 하지만 강홍립은 심하에서 벌어진 이 전쟁에 왕의 밀지가 있다고 하면서 한결같이 싸움을 하지 않으려 했다. 휘하 좌장군인 김응하는 혼자 분전하다가 장렬히 죽지만 강홍립은 지원도 하지 않고 있다가 곧 후금에 투항했다. 투항한 후로는 조선군에 속해 있던 항왜가 누르하치를 암살하려던 계획을 오히려 강홍립이 누르하치에게 알리는 등의 일을 하며 후금의 신임을 얻었다. 이때 조선에서 이괄의 난이 일어났다가 실패한 후 한윤이 후금으로 도망 와 강홍립에게 "조선 정부에서 강홍립의 삼족을 멸했다"고 하자 강홍립은 분을 내 누르하치를 부추겨 조선을 침략하게 한다. 이것이 호란이다. 하지만 강홍립의 가족을 멸했다는 말이 거짓 술책임이 알려지면서 강홍립은 조선을 쓸어버리겠다는 마음을 바꾸어 두 나라가 강화하게 한다. 이후 조선에 살던 강홍립은 어느 날 김응하의 싸움과 죽음을 그린 책에서 자신이 매우 악한 인물로 그려진 것을 보고 충격을 받아 두문불출하며 살다가 결국 죽음을 맞이했다.

「김장군전」

「김장군전」은 주인공의 이름을 살려 「김응하전」이라고도 한다. 명나라가 후금을 치러 나가면서 조선에 파병을 요구했을 때, 조선군의 대장은 강홍립이었고, 좌장군은 김응하였다. 강홍립이 사태를 관망하며 싸움에 미온적이었을 때, 김응하는 이를 비판하며 수하의 장졸들을 데리고 후금군과 싸웠다. 비록 소수라 포위당했지만 김응하는 화살이 다 떨어질 때까지 용감히 싸우다가 장렬히 사망했다. 적인 후금군도 그의 죽음을 보며 감동했다고 한다. 이런 전쟁의 상황과 그의 죽음을 표현한 작품이 「김장군전」이다.

두 가지 진리

세상에는 두 가지 진리가 있다. 먼저 하나, 세상에 공짜는 없다. 당장은 공짜인 것 같아도 언젠가는 반드시 갚아야 하는 것이요, 혹은 지나고 보면 가장 비싼 것이 공짜이기도 하다. 하나 덕을 봤으면 반드시 하나 혹은 그 이상을 내놓아야 하는 것이 세상의 이치다. 어쩌면 먼저 내놓은 사람은 적게 내놓아도 되지만 나중에 되갚는 사람은 더 많이 내놓아야 하는 경우가 대부분일지도 모르겠다. 되로 주고 말로 받는다는 말이 그래서 나온 걸까.

그리고 두번째, 약자는 생존을 위해 강자에게 의지할 수밖에 없다. 중과부적衆寡不敵이라는 말이 있다. 소수는 다수의 적수가 되지 못한다는 말이다. 아무리 뛰어나도 숫자에서 큰 차이가 나면 경쟁하기 힘들다. '숫자'를 '힘의 크기'로 바꾸어도 마찬가지다. 힘에서 너무 크게 차이가 나면 기술이건 경험이건 쓰기가 어렵다. 약자는 강자를 이기지 못한다. 그래서 약자는 생존을 위해 강자에게 의지하게 되는 것이다. 이는 비단 개인에게만 해당하는 문제가 아니다. 국가라는 단위로 생각해도 똑같은 생존의 법칙이 적용된다. 약국은 강국의 입김에 좌지우지되는 일이 허다하다.

우리는 이 두 가지 진리를 광해군 시절 조선에서 일어난 일을 되짚어보면서 확인할 수 있다.

재조지은

조선은 200년 정도 큰 전쟁 없이 유지되다가 1592년 갑자기 왜란을 맞는다. 부산항으로 들어온 왜병은 말 그대로 대나무가 쩍 하고 한 번에 갈라지듯 '파죽지세'로 조선 땅을 휩쓸었다. 단 며칠 만에 수도 한양이 함락되고 선조는 의주로 피난을 갔다. 여차하면 명나라 쪽으로 넘어가려는 것을 신하들이 간신히 말리는 형국이었다. 『선조수정실록』 25년 6월 16일 기사에, 선조가 명으로 가려는 것을 말리는 신하들에게 "내가 갈 만한 곳을 알려주면 요동으로 넘어가지 않겠다"고 하는 장면까지 나온다. 이때 명나라의 원군이 왔다. 1593년 1월 명나라 군이 주동하여 벌인 평양성전투에서 왜군을 크게 물리쳤다. 그제야 왜군의 기세는 주춤해졌다. 이후부터는 종전협상이 지루하게 이어지고 몇 년을 끈 후에야 왜란이 끝났다.

이를 두고 나온 말이 '재조지은再造之恩'이다. 조선은 이때 거의 망한 것이나 다름없었는데 명나라가 원군을 보내준 덕분에 '나라를 다시 만들어준 은혜'를 입었다는 뜻이다. 그러나 이 말은 각자의 입장에 따라, 때때의 시기마다 미묘하게 다른 의미로 사용되었다.

명나라의 입장에서 원군을 파병한 이유는 당연히 자국의 이익과 안전을 우선한 결과다. 상식적으로 생각해도 그렇다. 입술이 없으면 이가 시린 법이다. 입술이 바람을 막아주니 이가 그 바람을 바로 맞지 않아 시리지 않은 것처럼, 조선이라는 나라가 있기 때문에 왜가 명을 바로 탐하지 못했다. 난을 일으키면서 왜병이 내세운 명분도 가도입명假道入明, 즉 조선에 길을 빌려서 명나라로 쳐들어가겠다는 것이었다. 자국의 방어를 위해 파병을 해야 한다는 이유에, 조선이 그간 명을 어버이 나라로 충실하게 섬겨온 것도 원병 파병의 원인으로 작용했을 것이다. 단지 후자만이 파병의 이유는 아니었으리라는 것은 상식적으로도 알 수 있다. 하지만 명나라는 조선을 향해 오직 '재조지은'이라는 말만 내세웠다. 우리가 너희 나라를 구해준 은혜를 베풀었다는 것이다. 그러니 그 은혜에 보답하는 것은 당연하다는 것이 이후에 명나라가 펼친 논리였다.

조선에서 당대 정권을 잡고 있던 권력층에게 임진왜란은 엄청난 위협으로 다가왔다. 양반입네, 대신입네 하면서 온갖 폼은 다 잡고 갖은 혜택은 다 누렸지만 막상 나라를 지켜야 할 임무는 수행하지 못하여 국가가 하루아침에 사라지게 생겼으니 온갖 원망과 책임에서 벗어날 수 없는 형국이었다. 하지만 명나라에 간절히 원병을 요청하고, 명나라가 실제로 참전하여 공을 세웠기에 국면을 전환할 수 있었다. 어쨌든 명나라를 불러온 것은 자신들이니 명나라의 공을 높일

수록 그들을 불러온 권력자들 역시 높아지는 셈이었다. 그렇게 함으로써 이전의 정권을 놓치지 않고 유지할 수 있었던 것이다.

현대사에서도 이는 비슷하게 되풀이된다. 미국이 주축을 이룬 UN 연합군의 한국전쟁 참전도 같은 맥락에서 볼 수 있다. 한국전쟁에서 경상도 일부 땅만 간신히 지키고 있던 남한은 연합군의 참전 이후에 비로소 다시 일어나 밀고 당기는 싸움 끝에 38선 부근으로 휴전선을 그을 수 있었다. 당시 세계는 소련과 미국 두 주축으로 양분되어 있었다. 한국까지 소련에 넘어가면 공산권이 태평양까지 손쉽게 세력을 뻗칠 수 있는 형국이 될 터였다. 그래서 미국의 입장에서는 남한의 위기를 그대로 두고 볼 수 없는 속내가 있었을 것이다. 하지만 한국을 향해서는 오직 자신들이 참전하여 나라를 구했다는 것만 강조했다. 그래서 이후 한참 동안 남한은 정부도 미국의 허락을 받아서 수립했을 만큼 미국에 종속된 국가가 되었다. 옛날이나 지금이나 국가의 존망, 그리고 국가적 차원의 원조 등은 비슷한 메커니즘으로 돌아간다.

망해가는 명나라, 흥하는 후금 세력

세계적으로 한 왕조의 평균 수명은 200년 정도다. 그리고 어느 나라나 나라가 망해갈 때에는 온갖 부조리가 판을 치게 마련이다. 16세기 후반에서 17세기 초반 명나라야말로 그런 상황이었다. 내우와 외환은 같이 오기 마련이다. 국내 상황이 어지러울 때 명나라 주변국은 강성해져갔다. 대표적인 것이 후금 세력이었다.

만주의 조그마한 부족 세력이었던 여진족을 규합하여 힘을 키워서 1589년 누르하치는 스스로 왕이라 칭하게 되었다. 이전까지 여진은 셋으로 나뉘어 있었는데 누르하치의 건주여진이 나머지 여진을 모두 항복시켜 결국 1605년 건주국으로 나라 이름을 바꾸었고, 1616년에는 국호를 다시 대금大金으로 바꾸었다. 중국 역사상 금나라가 이미 있었기 때문에 누르하치의 이 나라를 우리는 후금이라 부른다. 이후 1636년부터는 청이라는 국호를 쓰게 된다.

1616년 누르하치가 이끄는 군대가 명나라의 무순지역을 침략하여 함락시키자, 명나라로서는 후금 토벌을 더 미룰 수 없었다. 이에 대한 토벌군을 준비하면서 명나라는 조선에 파병을 요구했다. 당연히 임진왜란 때의 재조지은을 들먹이면서. 광해군은 왜란 이후에 나라가 피폐해졌음을 들며 계속 파병을 미루다가 1619년 어쩔 수 없이 강홍립을 대장으로 한 원군을 파병하게 된다.

「강로전」이라는 소설

이때의 파병과 전쟁을 둘러싸고 다양한 소설이 나왔다. 「강로전」이 그중 하나다. 첫 대목은 이렇게 시작한다. "강姜은 조선의 큰 성씨요, 로虜는 오랑캐를 뜻한다." 그러니 강로전이란 강씨 성을 가진 오랑캐의 이야기라는 뜻으로, 제목부터가 대단한 욕이다. 쉽게 생각할 수 있겠지만, 여기서 강로란 강홍립을 말한다. 첫 대목부터 욕으로 시작한 이 소설은 강홍립의 집안에 대해 쓰고 나서는 곧

바로 명이 후금 토벌을 계획하여 조선에 원병을 청하는 대목으로 이어진다. 이에 논의가 있었지만 조선 조정은 결국 재조지은을 들먹이며 원병을 파병한다.

> 황제의 칙서에 '조선을 고무하라'는 말씀이 있었다. 양호가 조선에 편지를 보내 군사를 징발하여 함께 공격하는 형세를 이루자고 했다. 조정에서는 모두 "우리나라가 지난 200여 년 동안 정성을 다해 섬기며 예의를 지키고 충성으로 따른 것이 천하에 소문이 날 정도이다. 상국에 급한 일이 있으면 의리상 당연히 군대를 꾸려야 한다. 하물며 임진왜란으로 나라가 위기에 들었을 때에 황제께서 급히 구해주지 않았다면 우리는 모두 죽었을 것이다" 했다.

그래서 조선은 파병을 결정하고 강홍립을 원수로, 김경서를 부원수로 삼았다. 아무리 임진왜란 이후 폐허가 된 상황을 설명하며 피하려 해도 명에서 오는 것은 호통뿐이고, 빚진 나라 조선은 어쩔 수가 없었다. 결국 1만 5000명이 파병되었다.

심하전투를 기억하는 방식

조선 군대가 압록강을 모두 건넌 것은 1619년 2월 23일이었다. 이후 급히 행군하여 부차성에서 명나라 군대와 만났다. 3월 4일 귀영개가 이끄는 후금의 철기군 3만의 기습을 받아 명나라 군대가 전멸되다시피 했다. 중원의 주인을 자처하던 명나라가 오랑캐라 여기며 무시하던 후금에 제대로 대처하지 못하다가 결국 현실을 철저히 깨닫게 된 것이다. 물론 이후 몇십 년 동안 지속되기는 했지만, 대부분 사람들은 이 전쟁에서 결정적으로 패배한 이후 명나라가 멸망의 길을 걸었다고 본다. 전쟁이 극심했던 지역의 이름을 따서 명나라에서는 이 전쟁을 사르후薩爾滸 전투라고 부르고, 우리 기록에서는 이 전쟁을 심하전역深河戰役 혹은 심하전투라 부른다.

그런데 「강로전」은 이상하게도 강홍립의 모습이 아니라 강홍립의 휘하 좌장군인 김응하의 분전 모습을 그렸다. 강홍립은 병사들에게 싸우지 말고 명과 후금의 승부를 관망하라 했지만 김응하는 여기에 불복하고 좌영만을 데리고 싸운다.

> 또 오랑캐 대군이 곧장 좌영을 침범하는 것을 보고, 김응하는 군사를 독려하여 그들을 맞으며 혈전을 벌였다. (…) 우리 군사들은 힘이 다하여 진영이 흩어지고 어지러워졌으나 칼과 창이 부딪치는 중에도 한 사람도 달아나는 자가 없고, 헛되이 죽는 자도 없이 적과 우리 군이 한데 섞여서 창과 칼이 서로 부딪쳤다. 천지가 진동하고 해와 별도 빛을 잃을 지경이었다. 김응하는 전세가 이미 기울었음을 보고 버드나무 아래에 기대서서 화살을 뽑아 쏘았다. 응하의 활에 한 사람이 거꾸러졌다. 귀영가의 동생이 화살에 맞아 죽은 것이다. 적들이 모두 분을 내면서도 감히 함부로 범접하지 못했다. 낮부터 해질녘까지 싸웠다. 응하는 화살 300여 개가 다하자 주먹을 휘두르며 소리를 질렀다. 화살이 김응하에게 비처럼 집중 쏟아져 천지가 뒤흔들리고 찢질 지경이었다. 열사는 목숨이 다했으나 오히려 왼손에 창을 쥐고 오른손에 검을 쥔 채 살아 있는 듯 눈을 부릅뜨고 있었

다. 한참 동안 적은 가까이 가지를 못했다.

창검이 맞부딪칠 때 해와 별도 보이지 않을 지경이었다거나, 화살이 다 떨어져 분하게 죽는 순간을 '하늘도 무너지고 땅이 찢어지는' 것으로 표현할 만큼 장엄하게 이 장면을 그렸다. 조선 사람들에게 심하전투는 이 장면으로 기억하고 싶은 것이었고, 이 장면으로 기억하라고 여기저기서 선전되는 것이기도 했다.

명나라는 조선 병사가 빨리 움직이지 않고, 군량이 있는데도 없다고 하면서 전투에 소극적이라고 지적하기 일쑤였다. 「강로전」에서는 강홍립이 왕의 밀지가 있다고 말하면서 도무지 전쟁을 하지 않으려 하다가 슬쩍 후금 진영에 글을 보내 강화를 맺고자 하여 결국 일부러 포로가 된 것처럼 그린다. 그리고 그런 행동이 마치 강홍립 개인의 잘못인 것처럼 서술한다.

> 홍립이 "밀지가 내게 있소. 때가 되면 알 수 있을 것이오" 하니, 장수들이 "밀지에 물러나 움츠리고만 있으라 했습니까? 지금이 그때이니, 밀지를 보여주시어 저희의 의심을 풀어주십시오" 했다. 홍립은 "우선 며칠 두고 보면 알 수 있을 것이오"라 했다.

그런데 상식적으로 생각해보자. 남의 나라 전쟁에 누가 목숨 걸고 죽어라 싸우겠는가? 심하전투는 명나라와 후금의 전쟁이었고, 조선은 '빚' 때문에 어쩔 수 없이 차출된 원군일 뿐이었다. 강홍립 때문에 이 전쟁에서 패하고, 명이 결국 그래서 망하게 되었다고 말하는 것은 어불성설이다. 하지만 조선에서는 명의 책임보다도 강홍립의 책임을 묻는 목소리가 높았다. 그것을 가장 강렬하게 표현한 작품이 「강로전」이다.

광해군의 외교정책

심하전투를 보려면 당시 광해군의 외교정책을 먼저 살펴야 한다. 광해군은 선조의 아들이다. 임진왜란이 일어나 조선이 바람 앞의 등불처럼 위태로울 때 임금 선조는 북으로 몽진을 가고, 세자였던 광해군은 남북으로 여기저기 돌아다니며 군사들을 격려하고 명령을 내리며 분전했다. 정부를 나누어 활동한 것이기 때문에 분조分朝라고 한다. 임란 때 분조를 이끈 광해군은 그 역할을 톡톡히 해냈다. 중전에게서 난 아들이 아니라 왕위 계승이 위태로웠지만 우여곡절 끝에 왕이 되었다. 광해군은 이미 임진왜란 때 전쟁이 무엇인지 충분히 직접 경험했고, 나라의 존망을 기약할 수 없는 시절에 동분서주하며 활약했다. 그 경험을 살려 광해군은 이후 외교정국을 이끌었다.

기본적으로 광해군은 후금에 대해 기미책을 펼쳤다. 말의 굴레와 소의 고삐처럼, 상대를 견제하기는 하되 관계를 끊지는 않는 정책 말이다. 이 기조에 따라 사절을 교환하면서 그들이 원하는 면포, 곡물 등의 물건을 대주기도 하고, 상대의 동향이나 내부 사정을 파악하려 애썼다. 동시에 조선의 정보가 그쪽으로 흘러가지 못하도록 변경 지역 여진인들의 출입을 통제하며 감시했다.

단순히 관계를 유지하는 정도에 그치지 않았다. 민감한 상황이 생기면 적극적으로 대처하기도 했다. 예를 들어 『광해군일기』 2년1610 2월 11일 기사를 보면, 변방 만주 일대에 조선이 명과 합세하여 후금을 공격할 것이라는 풍문이 나돈다는 내용이 나온다. 후금이 들으면 자칫 위험할 수도 있는 이 소문에 대해, 광해군과 조정에서는 후금측에 그것이 사실이 아님을 먼저 적극적으로 알려주었다.

명에 대해서도 그들의 심기를 건드리지 않는 선에서 최대한 실리를 채우려 한 것이 광해군의 정책이었다. 명에 대한 예우를 극진히 하면서도, 조선의 피폐한 형편을 자세히 설명하면서 징병을 피하려 했고, 후금에 대해서는 물론이고 명에 대해서도 우리의 정보가 나가지 않도록 주의를 기울였다. 예컨대 앞서 말한 『광해군일기』 2년 2월 11일 자 기록에는 이런 내용도 있다.

> "선조 때에 중국 장군 및 중국 조정의 일에 관계되는 기별, 남북 변방의 정세와 군사 기밀에 대한 일을 모두 비밀로 하게 했던 것은 의도가 있었던 것이다. 더구나 중국 사람들이 관館에 머무르고 있는 지금 어찌 비밀로 할 일이 없겠는가. 이 뒤로는 승정원承政院, 왕명의 출납을 맡은 관아이 일일이 살펴서 전례에 따라 시행하되 조보朝報에 내지 못하게 하라."

주요 정보가 새나가지 못하도록 조보에 민감한 내용을 싣지 말라는 명령을 왕이 직접 내리고 있다. 조보는 조정에서 일어나는 일을 알리는 것으로, 오늘날의 관보나 신문 같은 것이다. 같은 날 후금에 대한 정책과 명에 대한 정책을 함께 말하고 있다는 사실에서 짐작할 수 있듯 광해군은 어느 나라의 편에도 완전히 서지 않고 그 사이에서 조선을 위해 어떻게 해야 하는지 백방으로 살폈던 것이다.

외교적인 노력뿐만 아니라 한편으로는 자주 군비 태세를 점검했고, 화포 등 무기 확보에도 힘을 기울였다. 예컨대 1613년에는 조총청鳥銃廳을 화기도감火器都監으로 확대하여 각종 화포를 제작했다. 이런 정책의 연장선상에 심하전투가 있었다.

김응하도, 강홍립도 있어야

여기에서 우리는 장군 김응하를 그린 「김장군전」과 그 저변의 사정을 생각해 볼 필요가 있다. 심하전투가 일어난 것은 1619년 3월 4일이었고 김응하는 그날 전사했다. 그의 전사는 평양감사의 장계를 통해서 3월 12일에 전해졌다. 놀라운 것은 그 이후에 벌어진 일이다.

1619년 3월 19일에 김응하를 추증직하고 그 자손을 등용했다. 이어 5월 6일 명나라 장수가 지나는 길목에 김응하의 사당을 건립하고 6월 21일에는 김응하의 사당에 '충렬忠烈'이라는 편액을 내리고 제사를 지냈다. 그의 죽음이 알려진 후 여러 문사들이 그를 위한 만시輓詩를 짓고 초상을 그려 애도했으며 1621년 가을에는 『충렬록』이 간행됐다.

길었던 임진왜란으로 폐허가 되다시피 한 나라가 아직 제대로 수습되지도 못했던 시기에, 죽은 지 두 달 만에 전격적으로 김응하의 사당이 건립되고, 곧이어 왕이 사액賜額까지 했다는 사실은 아무래도 의도성이 짙어 보인다. 『광해군일기』 11년 5월 6일 자 기록에 의하면 왕이 정확하게 '중국 장수가 지나는 곳'에 사당을 세우라고 한 내용이 나온다.

명나라는 조선군이 빨리 행군하지도 않고 싸우려 하지도 않는다고 여러 번 추궁했었다. 게다가 강홍립은 결국 병사들을 데리고 투항했다. 이는 명나라의 의심을 사기에 충분했다. 조선의 입장에서는 어려운 상황에 처할 수밖에 없었다. 이때 내세운 것이 김응하였던 것이다. 그의 싸움과 죽음이 널리 알려지고, 이를 드높일수록 조선의 입장에서는 "봐라, 조선군은 이렇게 온 힘을 다하여 명을 위해 싸웠다"라는 말거리가 생기는 셈이다.

1621년 가을에 간행된 『충렬록』은 김응하의 전기인 「김장군전」을 중심으로 그 앞뒤에 「서문」 「충렬록을 올리는 글進忠烈錄箋」 「김장군전후서」 「김장군을 애도하는 노래哀金將軍歌」 등을 붙여 한 권의 책으로 만든 것이다. 이 책은 모든 조정의 신료들이 합작하여 만들었다. 영의정 박승종, 대북파의 수장 이이첨, 서인의 수장 이정구가 쓴 글이 포함되어 있으며, 90여 명의 문인이 남긴 만시가 포함되어 있다.

한마디로 이런 재빠르고 일관적인 행동은 명나라에게 보이기 위한 일종의 전시 행정이었으며, 그들의 의심을 피하기 위한 국방외교적인 일이었는데, 이런 일련의 조치는 효과가 있었을까? 그렇다. 광해군 13년인 1621년 10월 25일 자 기사에 보면 "김응하의 충렬에 대한 소문이 황제에게까지 알려져서 황제가 조서를 내려 표창하고 또 그의 처자들에게 은을 내려주었다"면서 조서를 맞을 준비를 해야 한다는 내용의 비변사 보고가 있었다.

후금은 이 전쟁 전에도 몇 번 조선에 대해서 명과의 전쟁에 중립을 지켜달라는 요청을 했다. 실제 심하전투에 출병을 하기는 했으나, 강홍립이 이끄는 조선군이 그들에게 투항했으니 그 행동만으로 그들을 달랠 명분이 충분했다. 또 강홍립 등이 포로로 잡혀 있는 동안 강홍립을 비롯한 장수들 및 조선에서 보낸 사자들이 여러 번 "후금에는 원한이 전혀 없으나, 임진왜란 때 진 빚 때문에 할 수 없이 출병한 것이었을 뿐"이라고 설명했다.

결국 광해군은 김응하의 죽음과 강홍립의 투항을 통해서 명나라도 달래고 후금에게도 원한을 사지 않는 일을 동시에 이룰 수 있었던 것이다. 이것이 조선의 생존법이었다.

「김장군전」 엿보기

한편, 「김장군전」에는 어떤 내용이 실려 있는지 잠깐 살펴보자. 이 작품은 당시 영의정이었던 박승종과 같은 가문 사람인 박희현朴希賢이 지었다. 아마도 박승종이 부탁했을 것이다.

전기의 일반적인 서술 방식대로 제일 앞 부분에는 김응하의 집안 이야기가 나오고 그의 어린 시절, 젊은 시절 이야기가 이어진다. 보통 이 부분에는 주인공의 이후 행적을 가장 잘 보여주는 상징적인 일화가 나오는데, 김응하의 경우에는 어느 권력가 집안에서 딸을 중매하여 보내려는 것을 그가 거절하는 내용이 나온다. 그는 이렇게 말하며 거절한다.

"우리집은 가난하여 귀한 집 따님을 두기가 쉽지 않습니다. 이미 있는 아내의 윗자리에 두면 명분이 어지러워질 것이고, 그렇다고 첩으로 대우하면 반드시 서운해할 것입니다. 보통 사람의 복과 분수는 정해진 한계가 있는 법인데, 어찌 여자를 통해서 귀해지려 하겠습니까."

한마디로 그는 자기의 분수를 알아 흔들리지 않는 사람이었다는 형상화다. 그는 심하전투 출정을 앞두고, 자신을 발탁해준 정승 박승종에게 자식의 혼사를 부탁하고는 떠났다. 이미 살아 돌아오지 않을 것을 각오한 듯한 모습으로 그린 것이다. 결국 심하에서 명나라 유정의 군대가 몰살하는 와중에 김응하의 부대는 강홍립이 이끄는 주력 부대의 지원을 받지 못한 채 외로이 싸워야 했다. 그래도 어찌나 잘 싸웠던지 평지에서 적을 세 차례나 물러나게 했다. 하지만 "갑자기 사나운 바람이 몰아쳐 먼지가 일어 앞이 보이지 않고, 탄약도 흩어져 제대로 응사하지 못하는 사이 후금 철기병의 공격을 받아" 결국 죽어갔다. 소설에서는 장렬하게 전사하는 그의 모습을 이렇게 표현했다.

김응하는 군대가 궤멸되자 혼자 버드나무에 기대 활을 쏘아 적들을 맞혔다. 화살이 다하자 이번에는 칼을 빼 적들을 수없이 죽였는데 그러다 칼까지 부러지고 결국 창에 찔려 죽었다. 김응하는 죽은 다음에도 시신이 썩지 않고 얼굴이 살아 있는 듯했으며 손에서 칼을 놓지 않았다. 그래서 적병들은 감히 다가서지 못했다.

어떤 사람의 전기를 쓰면 끝에는 글쓴이의 평가를 남기는 것이 일반적이다.

「충렬록」 소재 〈두 원수의 투항 그림 兩帥投降圖〉.
왼쪽 윗부분에 앉은 이가 누르하치다. 오른쪽 면에 무장해제된 채 엎드린 원수 강홍립과 부원수 김경서 등의 모습을 그렸는데, 전반적으로 오랑캐 앞에서 비굴하게 무릎을 꿇었음을 강조했다.

이를 두고 정사에서 사관史官이 사평을 남기는 일에 빗대 개인이 사관의 역할을 하는 것과 같다는 의미에서 '외사씨外史氏'라고 하는데, 「김장군전」의 논평 중에 이런 대목이 있다.

> 두 원수(강홍립과 김경서)는 싸우지도 않고 항복했다. 만약 장군이 이처럼 명백하게 절의를 세워 죽지 않았다면 우리나라가 200년 동안 대국명나라을 섬긴 지극한 정성의 뜻을 어디서 볼 수 있었을 것인가. 그러나 장군의 죽음으로 영원히 할 말이 있게 되었으니, 그 공이 사직을 보존했다고 해도 지나치지 않다.

위 대목에서도 알 수 있듯이 그의 죽음으로 우리나라는 명나라에 대해 할 말이 있게 되었고, 그 결과 위태로운 가운데서도 명과 후금 사이에 서 있을 수 있었던 것이다. 「김장군전」의 발간과 보급은 그 자체가 바로 '힘없이 작은 나라' 조선의 생존을 위한 안간힘이었다.

광해군의 몰락, 북인에서 서인으로

「강로전」은 권칙이 1630년 인조대에 지은 작품이다. 인조는 반정에 의해 광해군을 몰아낸 후 추대된 왕이다. 광해군대의 집권세력은 북인이었고, 인조반정 세력은 서인이었다. 북인과 서인은 명과 청을 대하는 태도에서 큰 차이를 보였다. 북인이 광해군과 함께 실리외교를 펼쳤다면, 서인은 대의명분을 중시하여 오랑캐인 청을 배척하고 명에 대한 대의론적 충성을 주창한 사람들이었다. 그러니 이후 외교와 국방 면에서 두 시기는 다를 수밖에 없고, 이것이 결국 호란으로 이어졌다고 해도 과언이 아니다.

반정세력이 광해군을 몰아낸 이유로 내세운 죄목은 크게 두 가지였다. 하나는 재조지은을 베푼 명에 충성을 다하지 않고 후금과 결탁한 것이요, 다른 하나는 어미를 폐하고 동생을 죽인 죄다. 광해군이 성장한 후에야 선조는 정실에게서 아들을 낳았다. 그리고 그 아들의 존재는 광해군의 위치를 늘 위태롭게 했다. 결국 광해군은 그들, 즉 인목대비를 폐위하고 영창대군을 죽였다.

그런데 후자에 대해서는 할 말이 없지만, 전자는 반정을 주도한 세력에게 두고두고 딜레마가 되었다. 막상 권력을 잡고 복잡한 외교, 국방 상황에 직면했을 때 그들이 취한 정책은 광해군대의 그것과 크게 다르지 않은 기미책이었다. 물론 명나라에 대한 충성에 전보다 더 힘쓴 것은 사실이지만 그렇다고 청을 대놓고 배척할 수는 없었다. 인조반정에 동조한 재야의 선비들은 이후 서인들이 취하는 이런 태도에 분개하면서 늘 잘못을 지적했다. 그래서 정권을 쥐고 실무를 보는 서인들은 늘 딜레마에 빠지게 되었다. 반정 때 몰아내겠다고 외친 정책을 똑같이 쓸 수밖에 없는 현실에 늘 몰렸다. 우물쭈물하면서 제대로 대비도 세우지 못한 채 대의명분만 내세우며 청에 대해 별다른 대처를 하지 못하던 조선은 결국 호란을 맞아 형제국으로, 또 부모국으로 청을 대우할 수밖에 없게 되었다. 이런 것을 보면 광해군의 실각이 아깝기만 하다. 광해군에 대한 평가가 혹독한 것이 아쉬운 이유다.

사실 광해군이 폭군으로 폄하되는 것은 폐모살제, 즉 인목대비를 폐위하고 영창대군을 죽인데다가 궁궐 수축 등 무리한 토목공사를 강행하여 그러잖아도 어려운 백성들을 더 어렵게 했다는 사실 때문이다. 사람은 누구나 안정을 추구한다. 또 권력을 가지면 놓지 않으려고 하는 것이 사람의 속성이다. 이미 임진왜란 당시 분조가 되어 실질적인 왕 노릇을 했던 광해였으나 전쟁 이후 영창대군이 태어나면서 그의 왕위는 위태롭기 그지없었다. 다 가진 것, 이미 고생하며 얻어놓은 것을 빼앗길 위험에 처하자 그가 그것을 지키기 위해 노력한 것은 어쩌면 필연적인 귀결이었을지도 모른다. 물론 배다른 동생일지라도 동생을 죽인 일을 두고 잘했다는 것이 아니다. 하지만 왕위의 속성상 왕이 되지 못한 남자는 죽음에 처했던 예가 많고, 이미 그가 여러 공을 쌓았던 것을 생각하면 어린 영창을 내세우며 광해를 위협했던 사람들도 한편으로는 아속하게 느껴진다. 또한 늘 위기의식 속에 살았던 광해였기에 항상 왕의 위엄을 높이는 데 병적으로 집착했고, 그것이 궁궐 수축으로 이어진 것이리라 짐작할 수 있다.

광해군을 보면 안타깝다. 여러 나라 사이에서 그렇게 긴밀히 움직이며 정보를 분석하고 상황을 파악하여 실리외교를 펼쳤던 것처럼, 국내 정세와 민심의 향방도 파악하여 적절한 선에서 합당한 정사를 펼쳤더라면 얼마나 좋았을까.

광해군의 경우 외교 전략은 고득점, 내정 기술은 낙제점이었다. 하지만 후자를 가지고 전자까지 무시하지는 말아야 할 것이다.

사실과 왜곡

강홍립의 심하전투만큼 여러 기록이 남겨진 예도 드물 것이다. 각기 다른 시각에서 서술한 이 기록들을 비교해서 읽어보면 여러 생각이 든다. 먼저 권칙이 쓴 「강로전」을 보자. 강홍립은 조선군의 행군을 늦추며 명나라 장군 유정을 찾아가 늘 변명을 한다.

> 이튿날 행군을 시작했다. 두 나라 병사가 나란히 진영을 이어서 사흘을 가서 우모령에 이르렀다. 홍립이 도독을 찾아가 항변했다. "식량이 바닥나 병졸들이 굶주려 있습니다. 적을 만나면 틀림없이 궤멸당할 것입니다." 도독이 할 수 없이 하루 동안 행군을 멈추게 했다. 유격장군 교일기가 도독에게 "조선군에 식량이 없는 것이 아닙니다. 단지 두려워서 움츠려 관망하려고 하는 것뿐입니다. 저 속을 알 수가 없습니다" 하면서 마침내 칼을 빼 홍립에게 빨리 출발하라고 했다. 장수들도 모두 "군량이 아직 다하지 않았는데 번번이 식량이 바닥났다 하면서 명나라 장군의 화를 돋우는 것이 대체 무슨 까닭이십니까?" 했다.

권칙이 그린 이 장면대로라면 홍립이야말로 전쟁을 피하기만 한 무능하고 음

험한 장군임에 틀림없다. 하지만 소설은 작자의 시각에 따라 얼마든지 다르게 그려진다. 다른 기록과 비교해서 읽어보면 권칙의 시각이 사실과 비교해서 어느 쪽에 기울어 있는지 조금이나마 알 수 있다.

다행스럽게도 종사관으로 이 전쟁에 참여한 이민환이, 명나라가 조선에 원병을 요청한 때부터 후금의 포로로 잡혔다가 결국 풀려나 돌아올 때까지 몇 년간의 일을 자세히 일기로 남겨둔 것이 있다. 『책중일록』이 바로 그것인데, 그것과 비교해보자.

「강로전」에서는 강홍립이 전쟁을 하지 않으려 일정을 늦추며 행군을 빨리 하지 않는다고 했으나 종사관 이민환은 『책중일록』에서 보병들이 군량이 없어 먹지 못하고 비틀거렸지만, 그러면서도 정강이에 혹이 생기고 피가 흐를 정도로 걸으며 명나라 병사에게 닿으려 노력했다고 썼다. 또 워낙 군량이 없고 군졸은 굶주림이 극심하여 강홍립이 직접 통역관을 보내 명나라 군에서 쌀 10포대를 빌려와 굶주림이 가장 심한 우영에 나누어주었다고 했다. 조선군은 압록강을 건널 때 겨우 사흘분의 식량을 받았다고 했다. 중군과 좌군은 중간에 한 번 더 식량을 받았으나 우군만 다른 길로 와서 전혀 추가 식량을 못 받은 채였으므로 보다 못한 강홍립이 직접 식량을 꾸어 와 우군에게 주었다는 것이다. 이 날짜가 2월 29일로 나온다. 우영이 강을 건넌 것은 19일이었으니 열흘이 지난 후의 일이다. 19일에 사흘 치 식량을 받았다고 했으니 최소 일주일 동안 조선 군대 중 우군은 굶은 상태였던 것이다.

군량 수송은 박엽이 맡았으나 수급이 잘되지 않고 있었다. 강홍립 등 조선의 군사는 발만 동동 구르고 있는 상황이었다. 3월 1일 기록에 보면 기다리던 군량이 드디어 도착했는데, 그나마 양이 수십 석에 불과했다. 화가 난 이민환이 흥분하며 말했다. 그 장면이 이렇게 나온다.

"삼군이 먹지 못한 지가 오늘로 이미 며칠입니다. 군량을 관리하는 군관이 늦게 와 알현하면서 곧 올 것이라며 낯을 속이기를 이와 같이 하니 용서할 수 없는 죄입니다. 각 진영에 효수하여 굶주린 병졸들의 마음을 위로해야 합니다."

그러나 원수께서 허락하지 않으시고 오늘 우선 잘 대해주고 속히 가서 군량을 가져오게 하라고 타이르셨다.

죽인다고 뭐가 달라질 것이냐, 우선은 먹여야 하니 마음을 달래 군량을 더 가지고 오게 하는 것이 낫다고 타이르는 강홍립의 말에 할 수 없이 베려던 마음을 접은 것이다. 여기에서 그친 것도 아니고 이민환은 오히려 간절한 글을 써서 부탁한다.

삼가 영을 받들어 간절히 묻습니다. 군사들이 깊이 들어와 이미 300리를 지났으나 (…) 우리 군사가 도강한 후로 명나라 장수들은 우리를 핍박하며 성화처럼 급히 전진하라 재촉합니다. (…) 삼군에 음식이 떨어진 것이 오늘까지 여러 날입니다. 자고로 굶주린 병졸들을 몰아 엎어지며 건너서 오랑캐 땅에 깊이 들어가 좋은 결과를 얻은 자가 어디에 있습니까. 여러 번 명나라 도독에게 청하여 군량 수송을 기다리려 했으나 지체한다는 두려운 꾸지람만 받았습니다. 좌군, 우군, 중군 삼군의 상황은 말할 수도 없을 지경입니다. 흰머리의 늙은 서생조차 모래

사장의 해골이 됨을 면하지 못할 운명입니다. 어찌합니까? (…) 군관께서 이사이의 형세를 자세히 살펴 가셔서, 반드시 잘 말하고 최대한 운송을 재촉해서 굶주린 병졸을 구해주시면 천만다행이겠습니다.

화가 나서 죽여버리려다가, 병사들을 생각해서 꾹 참고 오히려 간절히 부탁하는 이 글을 읽어보면 코끝이 시큰할 지경이다. 「강로전」에서 군량이 있는데 강홍립이 없다고 핑계 대는 것으로 나오는 것과는 딴판이다. 군량이 제대로 수급되지 못하는 상황에 대해서는 일절 입을 다문 채 오직 강홍립 한 사람의 탓으로 몰아갔다.

포로가 된 강홍립의 행동거지

「강로전」에 드러나는 강홍립에 대한 부정적 형상화는 후금에 투항한 이후의 대목에서 극에 달한다. 투항한 조선군 원수 강홍립과 부원수 김경서가 누르하치 앞에 선 장면을 「강로전」에서는 이렇게 그렸다.

붉은 옷을 입은 어떤 사람이 홍립과 경서 두 장군을 이끌고 들어가 계단 아래에서 예를 행하게 했다. 두 사람이 길게 읍하자, 누르하치가 사납게 소리쳤다. "너희가 사자로 왔다면 읍만 해도 되지만, 너희가 투항자가 되었으면서도 감히 오만하게 하느냐?" 홍립이 두려워서 먼저 무릎을 꿇고 네 번 절하자 경서도 할 수 없이 절했다. 통역관 하서국이 앞으로 나와 말했다. "변방 나라 변변치 못한 사람이라 대국의 성대한 예의를 본 적이 없는 까닭에 행동거지에 실수가 있었습니다. 가까이 불러주시어 자세히 말할 수 있게 해주십시오."

한 나라의 대장군으로 상대국의 수장 앞에서 무릎을 꿇고 비는 모습을 최대한 비굴하게 그린 것이 역력하다. 하지만 이민환의 『책중일록』에는 이 내용이 또 다르게 나온다. 3월 6일 자 기록이다.

두 원수가 장령 대여섯 사람과 함께 군관, 통사 10여 인을 이끌고 갔다. 누르하치는 궁시弓矢를 끼고 평상에 기대앉아 있었는데, 갑옷 입은 병사 수천이 정원의 좌우에 배열해 있었다. 두 원수가 섬돌에 올라 읍을 행했다. 누르하치가 진노하자, 두 원수가 말했다.

"우리나라의 예이니, 이렇게 하지 않을 수 없다."

중국어를 할 수 있는 사람이 두 원수에게 소리쳤다.

"만약 군신의 예로 이치를 따진다면, 교의당상관이 앉는 의자를 너희에게 배설했겠는가. 너희 나라 관리가 명나라 양경략을 볼 때도 두 번 절하는 예를 행하는데 어찌하여 읍을 행하고는 이것이 너희 나라 예라고 하는가."

(…) 계단 동쪽에 교의 두 개를 마련하고 붉은 천을 덮어 두 원수에게 앉게 했다.

이런 살벌한 상황에서 두 사람은 곧 엎드리지 않았다. 이민환은 작은 글씨로 자세한 상황을 추가로 적어넣었다. "그 뒤에도 두 원수가 여러 번 누르하치를 만났는데, 곧장 들어가 의자로 향했을 뿐 절도 하지 않고 읍도 하지 않았다. 누르하치는 이를 괴이하게 여기지 않았다." 이민환은 통역사가 그것을 알려주었다고 정보 제공자도 함께 기록해두었다. 사실대로 썼음을 강조한 것이다.

분명 같은 날 같은 장면의 내용인데 「강로전」과 『책중일록』의 장면 묘사는 전혀 다르다. 어떤 의도를 가지고 어떻게 표현하느냐에 따라 역사 속 인물은 천하의 죽일 놈이 되기도 하고, 안타까운 상황에 처했지만 위엄을 지닌 장군이 되기도 하는 것이다.

지조 있는 정보 요원

권칙이 그린 강홍립의 모습은 왜 이렇게 극악무도한가, 왜 이렇게 간사하거나 비굴한가? 실제로 그는 그런 사람이었을까? 또 권칙만 강홍립을 그렇게 생각했을까? 우리는 단순히 강홍립이 선인과 악인 중 어느 쪽이라 말하기 어렵다.

이긍익의 『연려실기술』 21권을 보면 심하전투가 끝나고 포로로 잡혀 있던 강홍립이 11월에 조선 조정에 보낸 밀계 내용이 소개된다. 강홍립의 말을 좀 쉽게 고쳐보면 이런 이야기다.

> 지난 8월 누르하치가 북관의 두 성을 격파했고, 이번에는 몽골과 연합하여 명나라 요동과 광녕을 공격한다고 합니다. 그런데 누르하치의 아들들이 조선을 그대로 둔 채 요동을 치면 위험하다고 주장하여, 조선을 먼저 치는 문제를 두고 의

논하고 있습니다. 또 우모채 마을 근처에서 긴 사다리를 만든다고 합니다. 전쟁을 준비하는 것인 듯하니 알아두십시오. 또 누르하치의 신임을 받는 장수 일가대가 "조선은 내가 잘 안다. 전에 홀온이 동쪽 관문을 공격한 뒤에야 그들이 화친을 했다. 그러니 우리도 조선과 화친을 하려면 먼저 전쟁을 한 뒤에 해야 한다"고 말했다고 합니다. 그러니 우리 변방을 칠 염려가 있습니다.

이런 정보를 바탕으로 광해군은 변방의 수비를 강화하는 한편 강홍립의 가족을 통해 강홍립에게 뇌물을 전달해 후금 조정에서의 논의에 영향을 미치도록 하는 데 사용하게 한다. 이외에도 강홍립은 여러 차례 조선 조정에 밀계를 올렸고, 이를 바탕으로 광해군은 국방을 대비할 수 있었다. 한마디로 강홍립은 후금에 파견된 조선의 정보원 역할을 하고 있었음을 알 수 있다.

또 『인조실록』 4년1626 6월 25일 자에 평안 감사 윤훤이 올린 장계가 있다. 심하전투에서 김경서 휘하의 군인이었던 김진이라는 사람이 포로가 된 지 8년 만에 도망쳐서 알려준 후금 땅의 소식을 조정에 보고하는 글이었다.

그곳 사정을 전하기를, "부원수 김경서는 병으로 죽은 지 이미 3년이 되었고, 도원수 강홍립은 아직 머리를 깎지 않았기 때문에 달녀㺚女를 주지 않고 한녀漢女를 아내로 주어 아들을 낳았고, 한윤 형제는 성을 고치고 귀화해서 누르하치가 매우 후대하여 호녀胡女를 아내로 주었다"고 했습니다.

한윤은 이괄의 난이 실패하자 잡힐 것이 두려워 후금에 투항했던 인물이다.

「강로전」에서는 그가 부추겨 강홍립이 분노하는 바람에 후금으로 하여금 조선을 치게 하는 것으로 나온다. 한윤은 성까지 고치고 귀화했으며 후금의 여자와 혼인하여 살았지만, 강홍립은 머리를 깎지 않았다고 했다. 변발을 했다면 그것은 완전히 그곳에서 후금 사람으로 살겠다는 의사 표현일 텐데, 강홍립은 그렇게 하지 않았다고 했다. 달녀란, 달단족 여자라는 말이다. 달단족은 몽골계의 한 부족인 타타르족을 말한다. 한녀는 한족 여자, 즉 명나라 여자라는 말이다. 강홍립은 완전한 후금 사람이 되기를 거절하고, 조선 선비의 모습을 지키려고 노력했던 것도 같다. 8년 동안이나 포로로 있다 돌아온 사람의 말이니, 강홍립이 포로가 된 지 8년 동안이나 그런 모습을 견지했다는 뜻이다. 그 점을 생각하면, 강홍립을 마냥 악인으로, 매국노로 몰아붙이는 것이 그다지 옳아 보이지는 않는다.

집단의 평가와 개인의 울분

그런데 권칙은 왜 강홍립을 악인으로 그렸을까? 사실 강홍립에 대한 권칙의 시선과 평가는 인조 시기 권력을 쥔 서인들의 그것과 일치한다. 서인들은 반정이라는 이름으로 광해군을 몰아낸 사람들이다. 광해군을 부정해야 자신들의 정당성이 증명된다. 하지만 그들이 정권을 차지한 뒤 전쟁을 대비하지 못하고 결국 정묘호란과 병자호란을 맞이했으니 그 책임을 질 수밖에 없었다. 자신들의 잘못을 가리자면 나름대로의 논리와 희생양이 필요했을 것이다. 서인들은 호란의 원인을 자신들의 외교정책적 실수나 국방 대비 부족에서 찾지 않고 한결같이 "강홍립이 후금을 충동질하여 일으킨 전쟁"이라 말했다. 예를 들어 송시열은 「삼학사전」에서 "정묘년에 강홍립이 오랑캐의 길잡이가 되어 우리 국경을 침범하자, 공이 현의 병력을 거느리고 적을 토벌하기 위해 불철주야 달려갔다"고 했다. 이런 그의 논리는 문하의 제자들에게도, 그와 뜻을 같이하는 서인들에게도 공통적으로 나타난다. 이들에 의해 공언된 논리가 퍼진 뒤로는 강홍립을 달리 볼 수 있는 시각이 차단되었다.

그런 분위기 속에서 권칙이라는 개인이 「강로전」을 쓴 이유, 그리고 그가 하필 1630년이 되어서야 1619년에 있었던 심하전투에 대해서 쓴 이유를 살펴보면 좀더 실상에 가까이 접근할 수 있을 것이다.

권칙에 대한 자료로 자주 언급되는 글이 있는데 유몽인의 「학사 권칙의 서정록에 쓰다題權學士侙西征錄」가 바로 그것이다. 거기에서 유몽인은, 권칙이 숙부 권필을 닮아 시를 뛰어나게 잘 짓는다는 것을 칭찬했지만 "오직 전장에서 절개를 잃은 일만은 애석하구나"라는 말을 덧붙였다. 이는 곧 심하전투에 나갔다가 죽지 않고 살아서 도망쳐 돌아온 일을 말하는데, 그것을 사람들은 '절개를 잃은 일'이라 평가했다. 사실 권칙의 입장에서는 그런 평가가 억울할 만도 하다.

성대중의 『청성잡기』 5권에서는 오랑캐에게 잡혔다가 도망친 후 관련 책을 쓴 강항과 권칙의 이야기를 기록한 대목이 나온다. 여기에서는 권칙이 도망치는 과정을 이렇게 써놓았다.

> 권칙은 문관으로 강홍립을 수행하여 심하의 전투에 참여했는데, 강홍립은 오랑캐에게 항복했으나 권칙은 적진을 탈출해 돌아와서 압록강에 이르렀다. 여러

날을 먹지 못해 앞이 보이지 않았는데 사람 똥을 먹고서야 앞이 보여 마침내 살아 돌아올 수 있었다.

포로가 된 상태에서 도망치느라 아무것도 못 먹어 똥이고 뭐고 가리지 않고 뭐든지 먹을 지경에 이를 정도로 죽을 고생을 해서 살아 돌아왔다고 했다. '앞이 보이지 않을 지경' '사람 똥을 먹을 지경'이라는 표현으로 상징되는 그 탈출기를 생각해보면 얼마나 고생이 심했을지 상상할 수 있다. 전쟁이란 어떤 경우에도 우아할 수 없는 현실이었던 것이다. 하지만 사람들은 그런 그의 아픔을 불쌍히 여기지 않고, '살아 돌아온 자' '절개를 잃은 자'라고 손가락질했던 것이다.

권칙의 행적과 관련해 다음과 같은 흥미로운 설명(조현우, 「강로전에 나타난 전쟁의 기억과 욕망의 서사」, 『민족문학사연구』 46, 2011, 55~84쪽)이 있는데 귀를 기울일 만하다. 1627년 이인거가, 정묘호란 당시 후금과의 화친을 주장한 최명길 등과 후금의 사신을 죽여 명에 대한 의리를 지키겠다며 군사를 모집하다가 붙잡혔다. 이것을 집안한 공로로 여러 사람이 공신으로 녹훈되었는데 여기에 권칙이 낀다. 그제야 권칙은 비로소 조정에서 조금씩 활동할 수 있는 길이 트여 1630년 3월 식년진사시에 응시할 자격을 얻어 진사가 되었고 곧이어 서부 참봉을 제수받는다. 하지만 『인조실록』 8년1630 8월 4일 자 기사를 보면 이인거의 무리를 진압한 공과 관련해 녹훈된 자는 그 공신 자격을 박탈해야 한다는 논의가 보인다. 이인거의 행위는 단지 강력한 상소를 연명으로 올리려는 것뿐이었는데, 이것을 역모로 부풀렸다는 논란이 당시에 있었던 것이다. 이런 논의 끝에 권칙도 파직되었다.

심하전투 후 절개를 잃었다는 비난에 시달리고, 이후 한동안 전혀 활동을 못하다가 간신히 공신이 되고, 과거에 응시할 수 있게 되었으며, 마침내 간신히 미관말직이나마 서부 참봉을 제수받아 이제야 비로소 활동할 수 있으려나 했더니 곧장 다시 파직되는 절망을 겪은 것이다. 파직된 해가 바로 1630년이다. 권칙이 「강로전」을 1630년에 지은 것은 바로 이런 일련의 상황과 관련이 있다는 것이 조현우 교수의 설명이다.

권칙은 일개 이문학관으로 심하전투에 참전했다. 패배의 책임을 일개 병사에게 돌리는 것은 부당하다. 책임을 묻는다면 오직 강홍립에게 책임이 있다고 강력하게 자신을 변호한 작품이 어쩌면 「강로전」일 수도 있다. 그렇다면 「강로전」은 사실의 기록이라기보다 개인의 울분을 표현한 것은 아닐지 한번 생각해봄직하다.

당위론의 이면

일이 터져 한창 겪고 있을 때는 돌아볼 여유가 없지만, 일이 끝나면 반드시 평가가 따른다. 하지만 평가하는 사람은 그곳에 있던 사람이 아니라 제3자가 되는 수가 많다. 막상 전쟁을 치렀던 사람들은 모두 죽고 없는 수가 많고, 후금의 오만한 요구에 대답해야 했던 사람들이 모두 쫓겨난 다음에 온 사람들이 그 대답을 살펴볼 여유를 가진다. 잘했네 잘못했네, 이렇게 했어야 했네 저렇게 했어야 했네 하는 '당위형 평가'를 하기에 앞서 신중할 필요가 있다.

힘없는 나라의 생존을 위해 어쩔 수 없이 명나라와 후금 사이에서 줄타기를 할 수밖에 없었던 광해군의 정권, 그사이에 있었던 김응하의 죽음과 강홍립의 투항! 여기에는 오늘날 외교가들도 충분히 눈여겨볼 만한 대목이 많다.

전쟁은 사람을 비굴하게 만든다. 살다보면 어쩔 수 없이 당하게 되는 일이 있다. 개인의 힘으로는 어쩔 수 없이, 그저 개인들이 마주해야만 했던 삶의 정황이 있다. 그런데 문제는 그 상황이 끝났을 때 평가가 따른다는 사실이다. 전쟁 직후의 평가는 앞에서 살펴본 것처럼 그렇게 진행되었다. 그리고 오늘 우리는 그 평가에 대한 평가도 함께 내리는 자리에 서 있다.

청 주도 시절에 명에 목맨 사람

:「임경업전」

만들어진 영웅 | 민중 영웅으로의 재탄생 |「임경업전」의 인기 | 임경업의 대명 협조 행위 |「김영철전」 속 아슬아슬한 임경업 | 임경업 때문에 죽겠습니다 | 임경업에 대한 조정의 평가 | 심기원, 원두표, 김자점 | 바른 상대로 되돌린다는 명분 | 척화와 주화 | 명분과 실리 사이

「임경업전」

여기에 요약하는 것은 소설 「임경업전」의 내용이다. 역사적 사실은 소설과 다르다.

임경업은 조선 중기 활동했던 장군으로, 명나라에서도 그를 알 만큼 유명했다. 가달이 호를 공격했을 때 명의 장군이 되어 호를 도와주기도 했다. 호가 나중에 청나라를 세워 조선을 침략할 때 청나라는 그의 용맹함을 알고는 그가 있던 백마산성을 에돌아 한양을 공격했고, 그 탓에 그는 제대로 싸워보지 못한 채 조정과 임금의 항복 소식을 들어야 했다. 나중에야 그 사실을 안 임경업은 승전하고 돌아가는 청의 군사들을 많이 베기도 했지만 조선 왕이 이미 항복한 탓에 그들을 보내주었다. 청은 피섬에 있는 명군을 치려 할 때 그 기회에 임경업도 죽이려 했다. 그래서 조선군의 참전을 요구하되 임경업을 장군으로 하라고 했다. 임경업은 미리 명의 장수 황자명과 짜고 대충 싸워서 서로 사상자를 거의 내지 않고 이겼다. 명과의 내통 여부를 의심한 청에서 그를 호송하라고 했지만 임경업은 호송 도중 탈출하여 명의 진영으로 건너갔다. 하지만 중 독보의 꾀에 빠져 결국 청에 잡혀간다. 청나라 누르하치 앞에서 시종일관 충성된 태도를 보이니 누르하치가 감동하여 볼모로 잡혀갔던 세자와 대군을 조선으로 돌려보내주었다. 그리고 나중에 임경업도 풀어주었는데, 이때 조선에 있던 간신 김자점이 임경업이 오면 자신이 국정을 마음대로 휘두르지 못할까봐 그를 감옥에 가두어다가 결국 왕을 뵙고 나오는 임경업을 사람을 시켜 쳐죽이기까지 하였다. 임경업의 억울한 죽음을 모르고 있던 왕의 꿈에 어느 날 임경업이 나타나 일의 전말을 다 이르자 왕은 그때서야 모든 것을 깨닫고 김자점을 죽였다. 임경업의 자손을 불러 김자점에게 마음대로 하게 하니 그 자손이 그의 창자를 꺼내 분풀이를 했다. 사람들은 모두 임경업의 죽음을 슬퍼했다.

만들어진 영웅

임경업은 실존 인물이다. 「임경업전」에 나오는 다른 인물도 거의 대부분 실존 인물이다. 임경업의 벼슬 초기에 그와 함께 중국 사신으로 갔다는 이시백도, 임경업을 결국 죽이고 마는 악인으로 나오는 김자점도 실존 인물이다. 또 임경업을 천마산성 중군으로 추천한 원두표도, 처음에는 임경업을 도왔다가 결국 그를 청나라로 넘기는 역할을 한 중 독보도 실제로 있었던 인물이다. 하지만 이들 실존 인물이 소설 「임경업전」에서 벌인 일과 사건은 대부분 허구다.

사실과 다르게 지어진 사건으로는 어떤 것들이 있을까? 우선 임경업이 벼슬 초기에 명에 파견하는 조선 사신 이시백의 군관이 되어 명나라에 들어갔다는 것이 역사적 사실과 다르다. 소설에서는 이때 마침 가달이 호를 침범하여 호가

임경업 장군을 그린 민화, 국립민속박물관 소장.
작자 미상의 민화. 역사적 사실 여부와 상관 없이 민간에서는 임경업을 영웅화하였다.

명에 구원 요청을 한 것으로 나온다. 여기에서 호란 바로 청나라를 말한다. 명나라 황제는 접반사외국 사신을 접대하던 벼슬아치 황자명으로부터 조선 군관 임경업의 용맹이 뛰어나다는 말을 듣고 그를 명군의 대장군으로 삼아 호를 구원하게 한다. 결국 임경업은 용맹하게 싸워 가달을 물리쳤고, 호가 임경업에게 감사했음은 물론, 명나라 황제도 그를 매우 칭찬했다. 명을 천자의 나라로 높이던 시절 그 천자인 명 황제의 입으로 칭찬을 들었으니 그야말로 가장 영예로운 일이요, 영웅임을 인정받은 셈이다. 하지만 이런 일은 없었다. 남의 나라 사신단의 일원을 자기 나라 군의 대장군으로 임명하는 예도 없고, 그로 하여금 또다른 나라를 치게 하는 일도 없다.

임경업이 가달의 침범으로부터 구해주었다는 호, 즉 오랑캐란 나중에 청나라를 세우는 후금을 말한다. 소설 「임경업전」에서는 임경업이 명 황제로부터 인정을 받고 돌아온 지 6년 만에, 호가 적반하장 격으로 이제는 조선을 엿본다. 호왕이 군사 3만을 거느려 압록강에 와서 조선을 엿보자 조정에서는 옛일을 생각하고 임경업을 의주 부윤으로 보낸다. 전날의 위엄을 알고 있던 호는 임경업이 내려오는 것을 보고 놀라 그저 돌아간다. 가다가 다시 첩자를 보내 임경업 군의 동태를 알아오라 했으나 임경업은 오히려 그들을 붙잡아 호령했다. 이후 압록강을 경계로 두 군대가 한판 붙는다. 물론 호가 대패하여 달아났다. 호 왕이 고민하다가 이후 결국 임경업이 있는 의주를 통과하지 않고 오히려 에돌아 동쪽으로 길을 잡아 한양으로 들어가는 방법을 택하는 것이 바로 이 전쟁 때문이라고 소설은 그리고 있다. 호란 당시 청나라가 임경업이 지키고 있던 백마산성 쪽을 두고 길을 돌아 동대문으로 들어온 것은 사실이지만, 그 전에 임경업이 청나라의 침입을 물리쳤다는 이 이야기는 완전히 허구다. 청이 그를 두려워했다고 함으로써 임경업을 높이고, 청의 배은망덕함을 강조하는 허구다.

소설에서는, 호란 후 소현세자와 봉림대군이 청에 볼모로 잡혀가 있었지만 임경업의 덕으로 청이 이들을 돌려보낸 것으로 그렸다. 그리고 이후 임경업의 충심이 변하지 않을 것이고, 붙잡고 있어봐야 도움이 되지도 않을 것이므로 청나라에서 임경업도 돌려보내는 것처럼 그렸다. 하지만 역사적으로 세자와 대군의 귀환과 임경업은 아무 관련이 없다. 소현세자가 심양에 있을 때 쓴 일기나, 거기에서 조선 조정에 올린 장계에는 오히려 임경업이 명나라에 충성하고 청을 속이는 행태를 취했기 때문에 청 조정으로부터 시달리고 있다는 내용이 많이 나온다. 이에 대해서는 뒤에서 다시 이야기하자.

「임경업전」에 나오는 김자점은 둘도 없는 악인인 것 같다. 소설에서는 김자점이 국정을 마음대로 하려는데 임경업 때문에 조심하고 꺼려했다고 나온다. 처음 임경업이 명에서 공을 세우고 돌아올 때에도 그래서 반가워하지 않았다고 썼다. 그러다 호란 후에 임경업이 포로가 되어 청에 있다가 결국 풀려 돌아올 때 그를 역적으로 붙잡아 감옥에 가두고 온갖 심한 국문을 당하게 하여 결국 맞아 죽게 하는 것으로 나온다. 왕도, 세자도, 대군도 그렇지 않은데 오직 김자점만 임경업을 미워하고 마음대로 그를 죽이는 것으로 나온다. 하지만 이 역시 사실과 다르다. 임경업은 혼란 전에도 몇 번 탄핵을 받아 귀양을 가거나 벼슬을 잃었다. 1635년에도 파직된 적이 있는데, 당시 임경업은 중국과의 무역 거래를 통해 이문을 남겨 유민의 생활을 위한 물적인 기반을 닦는 일을 하고 있었으나 이익을 추구하는 정도가 너무 심하다는 것이 파직의 이유였다. 그러나 다음해에 김자점이 임경업의 복직을 강력히 주장하여 그를 복직시킨 일까지 있을 정도였다. 임경업이 조선으로 송환될 때 심기원의 역모 사건이 있었는데, 임경업은 바로 이 사건에 연루되어 국문을 받다가 죽는다. 이와 관련해 알 수 있는 사실은 다만 국문 과정에서 김자점이 국문을 심하게 하여 결국 임경업이 죽었다는 것뿐인데, 「임경업전」에서는 시종일관 김자점을 임경업과 대적하는 자리에 놓았다. 그를 악인으로 만드는 만큼 임경업이 더욱 안타까운 영웅으로 드러나도록 했다.

이 밖에도 사실 「임경업전」에 나오는 이야기는 대부분이 만들어진 것이다. 임경업이 병자호란 때 청나라의 침입을 전혀 몰랐던 것도 아니고, 알면서도 어쩔 수 없어서 특별한 조치를 취하지 못했다. 조선의 항복을 받고 돌아가는 청군의 일부를 쳐서 몇을 죽이고, 포로로 끌려가는 조선인 몇을 구하기는 했으나, 소설에 나오는 것처럼 크게 전공을 세운 것도 아니었다. 인조가 임경업의 억울한 죽음을 알고 김자점을 당대에 처형했던 것도 아니다. 김자점은 다음 왕 대에 죽었다. 김자점의 주검을 임경업의 후손들에게 내주어 그들이 복수를 하게 해준 적도 없다. 실존 인물들의 이름만 빌렸을 뿐, 그랬더라면 하는 사건을 그리고, 있었으면 하는 영웅을 형상화한 것이 「임경업전」이다.

민중 영웅으로의 재탄생

실제 「임경업전」의 모습을 보면 민중들이 왜 이 작품에 빠져들었는지 알 만하다. 초반부에 대국 명나라 군사들을 이끄는 대장이 되어 다른 나라 정복 전쟁을 승리로 이끈 이야기를 신나게 적고, 이를 치하하는 황제의 칭찬도 쭉 적었다. 또 싸우는 족족 이기는 장면도 매우 즐겁게 적었다.

> 이때 임경업이 밤이면 잠을 이루지 못하고 낮이면 높은 데 올라 오랑캐가 오기를 기다리더라. 문득 바라본즉 오랑캐들이 승전고를 울리며 세자, 대군을 앞세우고 의기양양하여 나아오거늘, 경업이 분기를 크게 내 절치부심하며 소리쳐 말하기를 "이 도적을 한 명도 돌려보내지 않고 무찌르리라" 하고, 갑옷과 투구를 갖추고 말에 올라 큰 칼 들고 나가며 중군에 "군사를 거느려 뒤를 따르라" 하더라.
>
> 오랑캐 장수가 정제하여 나오는지라. 임경업이 노기충천하여 나아가 칼을 들어 오랑캐 장수의 머리를 베어 내리치고 진중에 짓쳐들어가 좌충우돌하여 오랑캐 병사 베기를 무인지경같이 하니, 오랑캐 병사들이 황겁하여 목숨을 보전하려 달아나고, 남은 군사는 어떻게 할 줄 몰라하다가 죽는 자가 무수하더라. 오랑캐 장수가 상혼낙담喪魂落膽하여 10리를 물러나 진을 치고 패잔군을 모아 의논하기를 (…)

「임경업전」 중 한 대목이다. 승전고를 울리며 가는 청나라 병사를 임경업이 마치 나뭇잎 베듯 베고, 사람 하나 없는 곳을 헤집고 다니듯 하는 모습을 상상해 보라. 즐겁지 아니한가. 당시 사람들은 바로 그런 모습을 마음껏 상상하며 영웅 임경업을 더욱 높였다. 그렇게 하고 있으면 전에 당한 원통하고 처참한 패배를 조금이나마 보상받는 듯했을 것이다.

사실과 상관없이 상상하고 향유하는 일에는 사실 여부를 잘 모르는 민중이 더 열을 올릴 수밖에 없었다. 그리고 민중은 임경업을 자기들의 영웅으로 만들어갔다. 그래서 사실은 그렇지 않지만 소설 「임경업전」에서는, 임경업이 어려서 아버지를 잃고 농사를 지으며 살다가 출사했다고 하기까지에 이른다. 그렇게 하면 수많은 민중이 자기와 임경업을 동일시할 수 있어 한결 민중과 가까운, 민중의 영웅 임장군을 만들어낼 수 있었던 것이다.

「임경업전」의 인기

소설 「임경업전」이 나온 것은 18세기부터라고 하는 게 일반적이다. 그럼 「임경업전」의 인기는 어느 정도였을까? 일단 임경업은 실존 인물이었으므로 실제 그의 생애를 표현한 글도 많다. 그런 글을 제외하고 소설에 한정하더라도 18세기부터 20세기에 이르기까지 「임경업전」은 끊임없이 유통되며 많은 이본을 만들어냈다. 「임경업전」 이본은 한문으로 쓴 것, 한글로 쓴 것이 있고, 간행 방식도 필사본과 목판본, 활자본 등 여러 가지다. 심지어 영어나 일본어로 된 「임경업전」도 있다.

정조 때 이덕무가 쓴 「은애전」에 이런 대목이 나온다. 은애의 일을 판결하면서 정조 임금이 한 말 중 일부다.

옛날에 어떤 남자가 종로 거리의 담배 가게에서 소설책 읽는 것을 듣다가, 영웅이 크게 실의하는 곳에 이르자 갑자기 눈을 찢어질 듯 크게 뜨고 거품을 머금으며 담배 써는 칼을 들어 소설책 읽는 사람을 쳐서 그 자리에서 죽여버렸다. 대저 이따금 이처럼 맹랑하게 죽는 일이 있으니 우스운 일이다.

당시 조선에는 글자는 모르는 사람이 많았다. 그들을 위해서 저잣거리에서 소설을 재미있게 읽어주는 직업인도 있었다. 글자를 읽을 줄 알아도 그들이 읽어주는 것이 재미있어 일부러 소설을 듣는 것으로 향유하는 사람도 있었다. 종로 거리에서 소설책 읽어주는 장면이 그래서 나온다. 여러 사람이 숨죽인 채 이야기를 따라가다보면 몰입하여 결국 소설 속 주인공과 하나가 되어버린다. 순수할수록 그런 사람이 더 많았을 터이다. 그러다 어떤 사람이 영웅이 뜻을 잃은 장면에서 너무나 몰입해버린 나머지 소설 읽어주는 사람을 죽이는 일까지 있었다는 것이다. 이 기록에는 그때 그 소설이 어떤 소설인지는 나오지 않는다. 하지만 여러 정황상 「임경업전」이 아니었을까싶다.

「임경업전」의 인기를 분명히 보여주는 기록도 있다. 박지원이 쓴 『열하일기』 「도강록渡江錄」 중 「관제묘기關帝廟記」에 이런 대목이 있다.

사당 안에는 (…) 앉아서 『수호전』을 읽는 자가 있는데, 여러 사람이 빙 둘러앉아서 듣고 있다. 머리를 흔들며 코를 벌름거리는 꼴이 마치 옆에 아무도 없다는 듯한 태도다. 읽는 곳을 보니, 화소와관사火燒瓦官寺, 『수호전』의 한 회의 이름의 한 대목인데, 입으로 외는 것은 뜻밖에 『서상기』였다. 글자를 모르는 까막눈이건만 외기에 익어서 입이 매끄럽게 내려간다. 꼭 우리나라 네거리에서 「임장군전」

을 외는 것 같다. 읽는 자가 잠깐 멈추면 두 사람이 비파를 타고 한 사람은 징을 울린다.

중국에서도 소설은 읽고 듣는 것으로 향유되더라는 이야기를 적은 대목으로, 손에 든 책은 『수호전』인데 막상 입으로 소리 내는 내용은 『서상기』더라면서, 읽는 사람도 글자를 모르면서 그냥 암기한 것을 줄줄 풀어내더라는 내용이다. 그런데 그것을 말하면서 이 모습이 마치 조선 저잣거리에서 「임장군전」을 읽어 주는 것과 같다고 했다. 「임장군전」, 즉 「임경업전」은 저잣거리에서 인기를 끌던 작품이며, 읽어주는 사람이 외워서 줄줄 말할 만큼 인기를 끌었다는 증거다.

임경업의 대명 협조 행위

사실 임경업은 능력은 있었는지 모르지만 청과 제대로 싸워볼 기회는 얻지 못한 인물이었다. 병자호란 당시에는 청군이 임경업이 주둔하고 있는 백마산성을 에돌아 갔다. 군이 싸우려면 싸울 수는 있었으나 임경업은 중과부적이라 전면전은 할 수 없다고 판단해 제대로 싸움을 하지 않았다. 또 이후 조선이 이미 청에 무릎 꿇고 나서 청의 요구에 따라 명을 완전히 멸망시키기 위한 전쟁을 할 수밖에 없었을 때 군사를 이끌고 참전해야 했던 사람이 바로 임경업이다. 그런데 임경업은 남다른 행적을 보였다. 그것은 바로 시종일관 청을 속이고 명을 위하는 전략을 썼다는 점이다.

1637년 2월 가도椵島에 주둔한 명나라 군을 치기 위해 청나라에서 조선에 병력을 요구했다. 이때 임경업이 수군장이 되었지만, 몰래 명나라 도독 심세괴沈世魁와 내통하여 명의 피해를 줄이도록 유도했다.

1639년 말 청은 명나라의 근거지였던 금주錦州를 치겠다며 다시 조선의 파병을 요구했다. 임경업은 주사상장舟師上將으로 이 전쟁에 참여했다. 이때 임경업은 중 독보를 보내 청의 공격 정보를 명나라의 장수 홍승주洪承疇에게 알리고 조선의 군사들에게 명군과 싸우지 말라고 지시했다. 청나라에서는 계속 의심했다. 임경업의 부대가 전진도 하지 않고 명나라 배와 만나도 싸우지 않으며, 사람을 몰래 보내 내통했다는 것이다. 그러면서 심양에 있는 소현세자측을 말 그대로 '들들' 볶았다. "너희가 무슨 다른 속셈이 있는 게 아니냐?" 하면서. 세자측에서는 극구 부인했고, 조선 조정도 부인했다.

다음해인 1640년의 개주蓋州전투에서도 임경업과 그의 부대는 청나라와 함께 움직이기는 했으나 제대로 명군과 싸우지 않고 피하기만 하다가 결국 다음해인 1641년 임경업은 조선으로 돌아왔다.

1642년에야 청나라의 금주 공격 당시 청나라에 투항한 명나라 장군 홍승주 부하의 실토로 임경업이 독보라는 이름의 중을 명에 파견하여 연락을 주고받은 전말이 밝혀졌다. 또 심양의 감옥에 갇혀 있던 사람 중에 임경업이 조선 재상 최명길 등과 상의하여 독보를 보낸 사실을 목격했다고 증언하는 이도 나왔다. 심증만 있고 물증은 없어 관망만 하고 있던 청은 이런 증거를 바탕으로 조선에 임경업의 압송을 요구했다. 이에 따라 형조판서 원두표가 그를 데리고 청나라로 가는데 도중인 11월 6일에 임경업이 황해도 금천군의 금교역 부근에서 도망쳐버렸다. 이 일로 조선은 청나라로부터 상당한 압박을 받으며 곤란을 겪었다.

임경업은 배를 마련하여 해로로 명나라 등주 도독 황종예의 총병이었던 마등고의 휘하로 망명했다. 명에서는 그를 평로장군平虜將軍에 봉하고 4만의 병사를 이끌어 청을 치는 데 일조하게 했다. 하지만 이후 청의 세력은 더욱 커져 명은 산해관도 빼앗기고 조정도 남경으로 옮겨갔으나 그곳도 곧 함락되었다. 그런 과정에서 마등고도 청나라에 항복했고, 임경업 역시 명나라에 항복한 장수 마홍주馬弘周에게 붙잡혀서 청에 넘겨졌다.

「김영철전」 속 아슬아슬한 임경업

임경업이 명과 교통한 사실, 그리고 청에서 이를 의심하면서도 물증이 없어 한참 동안 어쩌지 못한 채 감시만 한 정황은 다른 소설에서도 잘 드러난다. 예를 들어 「김영철전」에는 이렇게 나온다.

> 경진년1640에 오랑캐가 개주를 침범하려고 조선에 파병을 요구했다. (…) 임경업이 몰래 영철을 시켜 밤에 물 긷는 병졸 둘과 함께 작은 배를 타고 가서 명나라 장수에게 글을 전하게 했다. 내용은 다음과 같았다.
>
> "오랑캐가 우리를 침략했는데, 약한 우리가 그 강함을 대적할 수 없어서 이 지경에 이르렀습니다. 그러나 우리가 어찌 명나라를 잊겠습니까. 내일 싸울 때 우리 군은 탄환을 없애고 총을 쏠 것이니, 명나라 병사도 화살촉을 빼고 활을 쏘십

시오. 한동안 맞붙어 싸우다가 우리가 일부러 포위를 당하여 항복하겠습니다. 그 때에 힘을 합쳐 오랑캐를 깨뜨려서 한 놈도 돌아가지 못하게 합시다."

명나라 장수가 편지를 받고 크게 기뻐하여 영철에게 은 30냥과 청포 스무 필을 하사하고 답장을 써서 주었다. (…) 영철이 경업에게 편지를 전하는데, 미처 뜯어보기도 전에 갑자기 오랑캐 두 사람이 말을 달려왔다. 경업은 즉시 편지를 숨겼다. 두 오랑캐가 배에 오르더니 경업의 멱살을 잡고 말했다. "너희 작은 배가 적진에서 오는 것을 보았다. 틀림없이 내통하려는 것이렸다." 경업을 위협하여 신발과 옷을 벗기고 배를 탔던 병졸까지도 모두 수색했지만 찾은 것이 없었다. 오랑캐가 두 병사가 배에 있는 것을 보고 그들을 붙잡아 취조하니 그들은 "물을 길러 갔다 왔을 뿐입니다" 했다. 화가 나서 임경업으로 하여금 그들을 베라 했다. 경업이 휘하 장수에게 눈짓하여 다른 섬으로 가서 베게 했다. 그 장수가 검을 거꾸로 잡고 그들을 내리쳐 베는 시늉을 하고는 자기 코를 쳐서 그 피를 칼에 묻혀 돌아와 오랑캐에게 보였다. 오랑캐가 그때에야 돌아갔다.

이날 명나라군과 조선군이 맞붙어 싸웠다. 명나라 병사들이 우리 군을 포위하였다. 우리 군사는 탄환을 빼고 싸웠고 명나라 병사는 화살촉을 제거한 채 싸웠다. 한참 동안 이렇게 싸우며 나아가고 물러가기를 몇 번 했다.

끊임없이 명군과 교통하려는 임경업, 그 사이에서 위험을 감수하고 장군의 명령을 수행한 조선 병사들, 끊임없이 감시하고 의심하며 확인하려 드는 청나라 병사, 그를 속이기 위해 애쓰는 조선군 사이에 벌어지는 긴장감이 잘 드러난다.

「김영철전」 부분을 인용한 김에 조금 더 이야기해보자. 임경업과 명군 장수가 하는 '척'만 하기로 약속했던 이들 간의 전쟁은 희생 없이 잘 끝났을까? 사실 대장군의 명령을 일반 병졸에게까지 하나하나 자세히 설명하지는 않았을 것이다. 아무리 장수의 명령에 따라 움직이는 것이 병졸이라지만, 막상 전쟁 상황에 직면하면 당황하기 마련이고, 누군가 자기를 위협해오면 당연히 반격하기 마련이다. 그래서 밀고 밀리기를 했다는 위의 이야기 바로 뒤에 이런 내용이 이어진다.

> 그러다 명나라 군대가 쇠갈고리를 우리 배에 걸고 육박해왔다. 우리 군사 중에 미리 약속된 것임을 모르던 이들이 사태가 위급함을 보고 실탄을 장전해 총을 쏘았다.

약속에 의하면 그렇게 하여 거짓으로 조선이 명의 포로가 되어 명나라의 피해를 최소로 해주겠다고 했었지만, 그런 것까지 알 리가 없었던 조선 병사들은 막상 명 군대가 쇠갈고리로 자신들의 배를 잡아 오려고 하자 당황하여 공격했던 것이다. 그래서 진짜 사상자가 생겼다. 조선이 청의 눈을 속이며 명을 해치지 않으려고 했지만 일이 늘 뜻대로 되지는 않았던 것이다.

임경업 때문에 죽겠습니다

청은 늘 임경업을 의심했기에 그것 때문에 다른 어려운 문제가 생겨났다. 소현세자가 청나라에 볼모로 청의 수도 심양에 사는 동안 세자관에서는 끊임없이 조선 조정에 장계를 올려 청과 세자관의 소식을 전하고, 조선의 소식을 묻기도 했다. 세자관에서 조선에 보낸 장계는 외교사에서 의미 있는 것이라 오늘날 정리·번역되어 있으므로 누구나 쉽게 찾아볼 수 있다. 심양에서 보낸 장계를 살펴보면 임경업에 대한 이야기가 자주 나온다.

예를 들어 청이 개주를 공격하던 시기인 1640년 7월 3일에 심양에서 조선 조정에 보낸 장계에는 이런 내용이 나온다. 출전했던 주사舟師, 즉 수군이 돌아와서는 다음날에 범문정 등 여섯 사람이 황제의 명으로 와서 이렇게 말했다.

"임경업 등의 수군은 전진시키면 전진하려 하지 않고, 군량을 위하遼河 어귀에 부리라고 해도 가려 하지 않는다. 이것은 무슨 뜻인가?"

세자는 쩔쩔매면서 오랫동안 수군의 소식을 듣지 못했지만, 진퇴를 그렇게 했다니 아마 거짓일 것이라고 둘러댔다. 그래도 황제의 명을 받고 온 이들은 따지기를 그치지 않았다.

"5월 그믐날에 수군과 명의 배가 서로 지나는데 명의 배가 후미의 배를 공격해와도 수군이 배 안에서 포를 쏘지 않고, 혹 쏘더라도 사람을 상하게 하지는 않았다. 앞의 배도 서로 구원하지 않았다. 또 배 세 척이 질풍처럼 갔다고 핑계했으나 명 사람이 빈 배 한 척에 조선 사람 두 명을 싣고 돌아갔다. 이달 12일에 명의 배 38척이 멀지 않은 곳에 나타났으나 조선 수군은 또한 맞아 싸우지 않았으니, 이것은 조정의 분부로 명나라 사람과 교통하여 상응한 일이 아닌가?"

이렇듯 상세히 따지기에 긴장했지만 조선과 세자는 부정할 수밖에 없었다. 세자가 극구 부인하고 설명하자, 범문정 등은 일단 한 발 물러난다. 하지만 세자는 이런 일을 조정에 보고하면서 "나중 일의 형세가 또한 매우 염려됩니다" 하며 끝맺는다.

물증은 없지만 심증은 깊어만 가던 청에서는 끊임없이 세자관을 찾아 임경업의 행실을 따지고 들었다. 장계에 그 내용이 자주 나온다. 임경업이 명과 내통하는 정상이 드러나 그를 압송해야 하는 시기의 장계에는 거의 날마다 임경업의 이름이 나온다.

인조 20년인 1642년 10월 4일에 올린 장계에는 오난영이라는 사람의 증언 내용이 나온다. 임경업의 군사들이 명나라 배와 마주쳤지만 싸우지 않고 보내더라는 내용이었다. 며칠 후인 10월 17일 장계에는 또 용골대 장군 등이 고충원, 정이남 두 사람을 추문했다는 내용이 나온다. 추문했더니 고충원이 "지난해 명나라 배가 선천에 나왔을 때 최명길과 임경업이 상의하여 묘향산의 중독보 한 사람과 사공 네 명을 보냈는데……" 하니, 아문에서 다시 묻기를 "너는 어떻게 그렇게 상세히 아느냐?" 하니 고충원이 말하기를 "제 눈으로 보았으므로 압니다"라고 대답했다. 심증만 있던 청에서 결정적으로 증인을 확보한 셈이었다. 청은 즉시 임경업의 압송을 요구했다. 하지만 압송은 늦어졌고, 현지에 있던 세자는 청에 심각하게 들볶이고 있었다. 앞서 말했듯 결국 11월 6일 임경업은 도망쳐버렸다. 11월 7일 장계에는 용골대가 통역관 정명수를 보내 임경업을 빨리 보내라는 공문을 쓰라고 재촉했다는 사연을 적었다. 그 장계 끝에 "청나라 사람이 그 자리에 서서 독촉하므로 이처럼 어지러이 씁니다. 황공하여 못 견디겠습니다"라고 썼다. 이후로 11월 9일 장계를 비롯한 많은 장계에 비슷한 내용이 나온다. 임경업의 도망으로 인한 사태는 세자관에나 조선 조정에나 "못 견디겠습니다"라고 소리칠 정도였던 것이다.

결국 조선은 임경업 대신 그의 아내를 비롯한 가족들을 청으로 압송했고, 또 조정에서 그 책임을 지고 정승 최명길이 심양으로 들어가 옥에 갇혔다. 임경업의 아내는 결국 조선으로 돌아오지 못하고 심양에서 죽었다.

조선 조정에, '명에 대한 의리를 지켜야 한다'고 생각하는 사람이 여럿 있기는 했다. 그들이 임경업의 행위에 심정적으로 동조하기는 했지만, 그의 행동이 지나치다는 생각을 가진 사람들도 물론 있었다. 임경업이라는 한 사람이 자신의 생각을 가지고 한 행동 때문에 당시 조선 조정이 곤란했던 것은 사실이고, 그의 아내를 비롯한 가족이 위험에 빠지거나 결국 죽게 된 것도 사실이다. 그래서 당시 국정에 간여하는 사람들은, 일반 민중들과는 달리 임경업을 편안하게만 생각할 수 없었던 면도 있다.

임경업에 대한 조정의 평가

이긍익은 『연려실기술』에서, 효종 때 임경업을 신원해주는 일을 의논할 때의 일을 적었다. 여러 의견 중 남구만의 의견을 적었다. 남구만이 임경업에 대해 말하면서 그가 심기원의 역모에 관련되었다고는 하나 그가 끝내 굴복하지 않고 죽었고, 인조 임금도 나중에 그가 죽은 것을 안타깝게 여긴다고 말씀하신 적도 있으니 세운 공로를 고려해서라도 신원해주는 것이 좋겠다고 한다. 오직 한 가지 도망친 일에 대해서는 말하지 않을 수 없으므로 이 부분에 대해서는 보다 자세히 언급한다.

또 중국으로 도망한 한 가지 일은 아마 임경업이 일찍부터 스스로 제 재주를 기이하게 여겨서 한번 천하에 펼치고 싶어했으며, 또 우리 국가를 위하여 부끄러움을 씻고 의리를 붙들려 했던 것이오며 오로지 살기를 탐내고 죽음을 두려워해서 한 일이 아닌 것 같사옵니다.

다만 생각하옵건대, 독보獨步의 일이 발생하자 청나라의 장수가 세자를 데리고 봉성鳳城에 와서 주둔하고서 우리나라를 힐문했습니다. 그 일이 위태롭고 급박했으니, 임금이 욕을 당하는 마당에 신하가 따라 죽어야 마땅한 일이기는 했습니다. 또 경업이 처음에 그 일에 참여했다면, 마땅히 자기 한 몸 죽음으로써 한 나라의 화를 막아야 했거늘 아무런 미련도 없이 망명, 도주하여 전하를 놀라게 했을 뿐만 아니라 온 나라를 시끄럽게 했습니다. 그러니 제 몸이 위험에 처하더라도 윗사람을 받드는 신하의 절개를 기준으로 의논하자면, 임경업은 도망한 죄를 면하기 어렵습니다.

그가 중국에 가서는 또 망해가는 명을 위해 공을 이루었다는 소문도 남기지 못하여 몸과 목숨이 함께 욕되었으니, 이미 죄를 씻기 어려웠습니다. 따라서 임경업이 죽은 후로 사대부들은 항상 그 재주를 아깝게 여기고 그 뜻을 불쌍히 여겼습니다. 끝내 감히 정상에 따라 표창하는 은혜를 주정에 청하지 못하는 것은 무릇 이 때문입니다.

남구만은 임경업이 중국으로 도망한 이유는 자기 목숨이 아까워서가 아니라, 자기의 뛰어난 재주를 펼쳐 보여 우리나라가 오랑캐인 청에 당한 부끄러움을 씻으려고 했던 것이니 신원해줄 만하지 않겠느냐고 조심스럽게 말을 꺼낸다.

하지만 그가 죄가 없다고 말할 수는 없었다. 그가 명나라와 몰래 내통함으로써 청이 의심을 품어 결국 세자를 볼모로 조선을 겁주는 지경에 이르게 했고, 또 결국 도망쳐버려서 임금과 온 나라를 놀라게 하고 시끄럽게 했으니 이것은 당연히 죄라고 했다.

그렇지만 이 모든 것을 말하면서도 남구만은 임경업이 명나라를 높인 의리를 높이 보고 선비의 사기를 격려한다는 뜻에서 격식에는 맞지 않지만 은전을 베푸는 것이 좋지 않겠느냐고 의견을 제시했다. 결국 그렇게 되었다.

남구만의 말을 보면 당시 임경업에 대한 조정의 평가를 알 수 있다. 임경업 때문에 세자도 위태로웠고, 임금도 놀랐고, 조정도 위태로웠으니 임경업은 죄인 중의 죄인이라는 것이 당대의 평가였다. 그래서 그의 신원에 적극적으로 나서는 사람이 한동안 없었다.

그럼에도 조선 조정과 선비들은 그를 미워하지만은 못하고 일말의 희망 같은 것을 가지고 있었다. 사실 조선의 입장에서는 중화로 여기는 명나라가 계속 존재해주는 것이 좋았다. 오랑캐라고 무시하던 청에 왕이 머리까지 숙이고 항복했으니 명이 그 원한을 풀어준다면 또 더없이 좋을 것이었다. 그래서 명과 청의 전쟁을 예의 주시하고, 명 조정이 남으로 쫓겨나 싸울 때에도 혹시나 하는 심정으로 명의 부흥을 기대하고 있었다. 임경업이 그 재주를 발휘하여 명의 재건을 위해 힘써준다면 더 좋을 게 없었다. 임경업 때문에 불편하기도 했지만 그가 명과 내통하고 명으로 망명까지 한 일에 대해서 공개적으로 비난하지 않은 것은 이런 내심의 기대감 때문이었던 것이다. '어려울 것 같지만, 되면 좋고……' 하는 마음 아니었을까. 그것이 바로 남구만이 했던 말의 뒷부분의 의미다. 또 만약 임경업이 망명해 가서 그곳에서 공을 세워 결국 청을 무찌르고 명을 복원시키는 큰 공을 세웠더라면 앞의 죄는 잊어줄 만한데 결국 그렇게는 못했으므로 앞의 죄를 없애지는 못했고 사대부들도 그의 신원을 주장하지 못했다는 것이다.

그리고 이런 마음은 임경업뿐만 아니라 명의 복원운동을 일으키는 명의 유민에 대해서도, 혹 북벌을 주장하고 준비하는 조선 사람들에 대해서도 똑같이 적용되고 있었다. 혹시나 하며 약간의 기대를 거는 마음. 하지만 이런 마음은 시간이 흐르고 청의 힘이 더욱 확연해지면서 결국 점점 희미해져갔다. 그래서 북벌을 주장하여 현실적 헤게모니는 갖되, 속으로는 그 가능성을 포기하는 쪽으로 나아갔던 것이 이후 조정 신료들의 마음이었다.

심기원, 원두표, 김자점

역사적으로 임경업은 결국 50대 초반에 죽음을 맞는다. 그 죽음의 상황에서 항상 언급되는 것이 심기원과 김자점이다. 「임경업전」에는 김자점만 나오는데 이는 사실과 다르다. 압송을 위해 체포되기 직전 임경업은 심기원을 만나 은 상당량과 승복 및 칼 등을 제공받았다. 여차하면 명에 망명할 생각으로 이를 양주 회암사에 맡겨두었다가, 압송 도중 도망쳐서 이를 이용할 수 있었던 것이다.

임경업은 1643년 김자점의 종이었던 상인 무금無金의 주선으로 배와 사공을 마련하여 상선을 가장해서 마포에서 출발하여 결국 명에 망명할 수 있었다. 기록에 따라서 상인 무금을 일명 효원孝元이라고도 부른다.

임경업은 나중에 명나라 장수들이 청나라에 항복하고 또 잡혀갈 때 같이 청에 붙잡혔다. 그러다가 1646년 조선으로 송환되었는데, 마침 그때 심기원의 옥사가 진행되고 있었다. 그해 6월 인조가 그를 친국했다. 임경업은 심기원으로부터 돈과 승복 등을 받기는 했지만 역모와는 무관했다고 주장했다. 하지만 원두표와 김자점이 그의 처형을 강력히 주장했고 그는 심한 국문을 받았다.

우리는 왜 원두표와 김자점이 그토록 임경업을 호되게 치죄할 것을 주장했는지 쉽게 짐작할 수 있다. 원두표는 전날 임경업을 청으로 압송하다가 그의 탈출로 문책을 받아 파직된 사람이다. 그러니 당연히 임경업에게 감정이 좋을 리가 없었다. 김자점의 경우 그의 종이었던 무금과 관계가 있으므로 자칫하면 그도 함께 엮여버릴 염려가 있었다. 김자점은 자기의 종이자 무금의 누이인 매환梅環을 첩으로 삼았다. 무금이 매환을 통해 김자점에게 임경업의 탈출을 알린 것으로 말해버린다면 당연히 임경업, 무금, 매환은 물론 김자점도 함께 문초를 받고 역당으로 몰려 죽을 수도 있었다. 그러니 임경업이 무금에 대해 말하고 그와 자신의 관계를 밝히기 전에 서둘러 임경업이 죽기를 바란 것은 당연한 일인지도 모른다. 그럼에도 불구하고 임경업이 김자점의 손에 의해 죽었다고는 볼 수 없다. 표면적으로는 명백하게 임경업은 심기원의 옥사와 관련하여 형리의 국문을 받다가 이를 견디지 못하고 죽었기 때문이다.

삶은 여러 사람과의 얽힘 속에 있다. 지난날에 했던 어떤 일과도 얽히고, 나와 아는 어느 사람과도 얽힌다. 가깝게 지냈거나 그러지 않았거나 그 사람과 관계가 있는 제삼자와 얽혀버리는 수도 있다.

사람이 하는 어떤 일은 반드시 또다른 어떤 사람에게 영향을 미치게 마련이다. 내가 아무리 옳다고 생각하는 일을 해도, 혹은 내가 내 이익을 추구하는 일을 해도, 또는 내가 남의 이익을 위해 어떤 일을 하는 경우에도 모든 일은 다른 사람에게 영향을 미친다. 반대로 남이 한 어떤 일이 나에게 영향을 미치기도 한다. 때로는 내가 아무리 가만히 있고 싶어도 남이 한 일의 영향으로 내게 변화가 생긴다. 그 과정 속에서 사람들은 각기 다른 사람에 대한 감정이 생기기 마련이다. 좋은 일로건 나쁜 일로건. 또 사람은 자기 보전의 본능을 지닌다. 자기에게 위험이 닥치면 본능적이고 필사적으로 그것을 피하거나 막으려고 한다. 그것은 시비나 선악의 판단보다 앞서는 본능적인 반응으로 드러나기도 한다. 그리고 이 모든 속성이 임경업의 삶과 죽음에 얽힌 이야기에서 극명하게 드러났다.

바른 상태로 되돌린다는 명분

바른 상태로 되돌린다는 기치를 내세워 광해군을 폐위하고 인조를 세우는 '반정'을 일으킨 세력은 서인이었다. 그들은 이전 시기 집권 세력이었던 북인을 몰아내고 서인 정권을 이루었다. 이들이 주로 내세운 것은 광해군 및 북인이 명에 대해 취한 태도가 '군신의 의를 배반한 행위'였다는 것이었다. 인조 즉위년인 1623년 3월 14일, 인조의 즉위와 광해군의 폐위에 관해 왕대비가 내린 교서는 이렇다.

우리나라가 중국을 섬긴 지 200여 년이라, 의리로는 군신이며 은혜로는 부자와 같다. 임진년에 재조再造해준 은혜도 만세토록 잊을 수 없다. 선왕께서 40년 재위 동안 지성으로 섬기어 평생 서쪽을 등지고 앉지도 않았다. 광해는 배은망덕하여 천명을 두려워하지 않고 속으로 다른 뜻을 품고 오랑캐에게 성의를 베풀었다. 기미년 오랑캐를 정벌할 때에는 은밀히 장수를 시켜 동태를 보아 행동하게 하여 끝내 전군이 오랑캐에게 투항함으로써 추한 소문이 세상에 퍼지게 하였다. 중국 사신이 우리나라에 왔을 때 그를 구속하여 옥에 가두듯이 했을 뿐 아니라 황제가 자주 칙서를 내려도 구원병을 파견할 생각을 하지 않아 예의의 나라로 하여금 오랑캐와 금수가 됨을 면치 못하게 했으니, 그 통분함을 어찌 다 말할 수 있겠는가. 천리를 거역하고 인륜을 무너뜨려 위로는 종묘사직에 득죄하고 아래로는 만백성에게 원한을 맺었다. 죄악이 이에 이르렀으니 어떻게 나라를 통치하고 백성에 군림하면서 조종조의 천위天位를 누리고 종묘사직의 신령을 받들겠는가. 그러므로 폐위하고 적당한 데 살게 한다.

광해가 한 행동은 명의 은혜를 잊은 '배은망덕'이요, 그 때문에 예의의 나라인 조선이, '오랑캐나 금수와 같이' 되었다는 것이다. 이를 다시 예의의 나라로 돌리는 것이니 이것이야말로 '반정'이라는 논리다.

하지만 광해군이 꼭 후금청과 화친을 하자는 것이었는가는 재평가해야 한다. 강국 사이에서 위태로운 국가를 지키려 한편으로는 외부의 적을 거스르지 않으면서 시간을 벌어 나라의 힘을 기르려는 외교적인 수완을 발휘했다고 평가할 여지가 많기 때문이다. 하지만 서인들은 그런 여지를 무시하고 광해와 북인정권의 정책을 두고 '오랑캐에게 충성하려는 것'이었다고 한쪽으로 몰아갔다. 그래야 이전 정권과 다른 자기들만의 존재 이유가 확고해지기 때문이다. 그리고 그런 논리에 따라 이들은 명에 대해 깍듯한 대의론적 충성을 했다. 하지만 정묘호란에서 오랑캐인 후금과 강화함으로써 전쟁을 마무리한 후로는 정사를 담당하는 이들에 대한 재야 선비들의 비난이 쏟아졌다. 반정의 명분을 스스로 깎아내렸다는 것이다.

명분이나 당위를 주장하는 목소리를 높이기는 쉬우나, 막상 그런 명분을 내세워 권력을 잡은 후 현실로 부딪쳐오는 일을 처리하는 당사자가 되었을 때는 많은 문제가 있었다. 이미 형세는 명에 충성할 수만은 없는 시기였고, 청의 힘은 커져만 가고 있었다.

인조의 어조 변화를 보면 그 곤란함이 명백히 드러난다. 호란 때 삼전도의 굴욕을 몸소 겪은 후 그는 척화론자에 대한 태도를 바꾸었다. 왕으로서 적에게 머리를 숙이는 수모를 직접 당한 인조였다. 그 분노를 인조는 척화파에 쏟았다. 인조의 이러한 심리 변화에 대해 한명기 교수가 잘 지적해둔 것이 있으므로 이를 참조하여 이야기해보자(한명기, 『정묘·병자호란과 동아시아』, 푸른역사, 2009, 140~155쪽). 『인조실록』 17년1639 2월 7일 기사에 보면 소현세자와 함께 청에 붙잡혀 가 있는 정뇌경의 일을 의논하는 대목이 나오는데 그 과정에서 인조는 척화파에 대해 이렇게 표현한다.

이것이 어찌 척화한 것이겠는가. 나라를 그르친 것이다. 표문을 올려 신하로 칭하는 문제였다면, 대간臺諫이 극력 간쟁하는 것이 참으로 마땅하다. 그러나 그때의 일은 사신을 보내 화를 늦추려는 계획에 불과했는데도, 이들이 가로막아

국사가 마침내 이 지경에 이르게 했으니, 죄가 어찌 적겠는가. (…) 절절이 나라를 그르친 죄를 어찌 다 말할 수 있겠는가.

명에 의리를 지키며 청과 화의하는 것을 반대한 척화파는 인조반정 세력의 의식을 대변한다고 보아야 한다. 하지만 인조는 그들이 나라를 그르쳤다고 규정하며 분노를 터뜨렸다. 그런 사람들에게 둘러싸여 있는 자신을 두고 "대저 나는 복 없는 사람이다"라고까지 했다. 이 부분에서 맨 마지막 서술은 "상이 성낸 빛을 띠니, 좌우 신하들이 묵묵히 있었다"라고 끝난다. 한 나라 왕이 오랑캐라 부르던 적에게 고개를 숙였으니, 그 옆에서 보좌하는 신하가 무슨 말을 할 수 있었겠는가.

어쨌든 인조는 호란을 겪은 후에 친청의 자세를 견지했다. 물론 전쟁에서 졌고, 대항할 힘이 없었으니 당연히 그렇게 할 수밖에 없기도 했겠지만 어디 그뿐이었겠는가. 시의가 변하여 이제는 명이 아니라 청의 세상이며, 그러한 대세를 거스를 수 없음을 받아들인 태도가 아니겠는가. 그렇게 심경이 변하고 세상이 달라진 것을 느낄수록 옛것만, 명분만 고집하며 목소리를 높이는 신하들에게 화가 났을 법도 하다.

척화와 주화

후금 혹은 청에 대한 조선인의 반응은 그들을 배척하고 강력하게 대적해야 한다는 척화파, 전쟁을 피하고 그들과 강화해야 한다고 주장하는 주화파로 갈렸다. 그래서 척화파를 대표하는 김상헌이나, 혹은 척화파로 청에 잡혀가서 결국 거기서 죽은 삼학사 홍익한洪翼漢·윤집尹集·오달제吳達濟를 영웅처럼 말하고, 주화파를 대표하는 최명길崔鳴吉 등은 천하의 둘도 없는 간신배인 것처럼 몰아갔다. 하지만 상대적으로 악역을 맡은 주화파에 대해 조금 말하자면, 그들은 강화를 통해 자신들이 잘 먹고 잘살 연구를 했다기보다는 조금 다른 시각에서 나라를 구할 방법을 생각한 것이라 평가할 수 있다. 나라의 힘과 사정을 고려했을 때 당장 대적하기 어려우니, 먼저 강화를 하여 이 상황을 넘기고 준비를 한 뒤에 오랑캐를 대적하는 '선 강화 후 대적'의 방식을 견지한 것이라 하겠다. 한편, 척화파는 목숨을 버려서라도 명분과 국가적 자존심을 지키겠다는 의지를 다졌다고 할 수 있을 것이다. 그들은 서로 부딪치기는 했지만 요즘 우리가 오해하는 것처럼 항상 대적하며 원수처럼 여기기만 했던 것이 아니요, 지금 사람의 시점에서 어느 한쪽만 비판할 수 있는 문제도 아니다.

병자호란 당시 인조는 강화도로 피란하려다 길이 막혀 급히 남한산성으로 들어가 있었다. 한 달여간 저항했지만 결국 이길 수 없었기에 조선은 청에 항복하기로 했다. 신료들 간의 격론 끝에 결국 재상 최명길이 대표로 항복문서를 썼다. 그 때문에 두고두고 비판을 받았다.

최명길이 죽은 후 그의 신도비명 「영의정문충최공신도비명領議政文忠崔公神道碑銘」은 숙종 때 주로 활동한 재상 남구만이 썼는데, 그 내용에 당시 사람들이 최명길을 어떻게 평가하고 있었는지가 드러난다. 먼저 남구만은 그가 어떤 사람인지에 대해 이렇게 말한다. "치욕을 참고 위험을 무릅써서 끝내 생사와 명예에 마음을 동요하지 않아서 종묘사직을 멸망에 이르지 않게 하고 백성을 위태로움에 이르지 않게 한 분은 실로 지천遲川 최상국崔相國이 그러한 분이시다." 그에 대한 반대와 훼방이 그치지 않았으나 최명길은 "오직 군주를 위하고 딴마음이 없어서" "기꺼이 자기 한 몸으로 온 세상의 비방과 힐책을 받으면서도 확고하여" 자기를 돌아보지 않고 여러 일들을 했다는 것이다. 최명길에 대한 평가는 당대에는 혹독했을지 모르지만 그가 죽은 후에는 차츰 그를 긍정적으로 평가하는 의논이 나오기 시작했다고 남구만은 이야기한다. 그런 의견에 따라 그에게 시호를 내렸다는 것이다. 시호는 국가가 죽은 사람에게 내리는 이름으로 매우 큰 공을 세운 사람만 받는 명예로운 이름이다. 남구만은 이렇게 말한다. "시호를 내릴 적에 조정에서 이의가 없었으니, 진실로 그 실제가 있으면 끝내 반드시 스스로 밝혀진다는 것이 어찌 진실이 아니겠는가."

최명길의 삶을 말하면서 남한산성에서 결국 항복문서를 쓰고 강화할 때의 장면에 대해 이야기하지 않는다면 이것이 오히려 이상한 일이다. 물론 남구만도 이에 대해서 쓴다. 당시 청은 남한산성을 포위해놓고 날마다 사람을 보내 화친을 요구했다. 성안에서는 날마다 화친과 전쟁에 대한 격론이 벌어지기만 할 뿐 어떤 뾰족한 수도 내놓지 못하고 있었다. 이에 대해 최명길은 분통을 터뜨리며 "오늘날의 계책은 오직 화친과 전쟁 두 가지 일이 있을 뿐인데, 전쟁을 하자니 힘이 미치지 못하고 화친을 하자니 두려워서 감히 하지 못한다. 하루아침에 성이 함락되어 상하가 모두 어육魚肉이 된다면 장차 종묘사직을 어느 곳에 두겠는가" 했다고 한다. 점점 포위망이 좁혀오고 더이상 막을 수도 없는 지경에 이르자 사람들은 포기하고 결국 화의를 따르게 되었다. 결국 최명길이 항복문서를 썼다. 남구만은 이 장면을 이렇게 썼다.

김상헌金尙憲 공이 화친하는 글을 찢어버리고 통곡했는데, 최명길 공은 그것을 주워서 다시 맞추며 말했다.

"글을 찢는 자도 없어서는 안 되고 글을 주워 맞추는 자도 마땅히 있어야 한다."

남구만은 척화파이자 삼학사 중 한 사람인 오달제의 조카사위다. 또 최명길의 손자인 최석정은 남구만 문하의 문인이면서 남구만, 박세당과 함께 소론 3인방으로 꼽힌다. 이런 관계를 두고 봤을 때 남구만의 의견이 정파에 치우친 것이 아님을 짐작할 수 있다.

『연려실기술』에 보면 최명길과 김상헌이 심양옥瀋陽獄에 함께 갇혔을 때의 일을 기록한 것이 나온다. 김상헌은 척화를 주장하는 대표자를 잡아 보내라는 청의 요구에 따라 청에 끌려가 있었고, 최명길은 임경업이 명나라와 내통한 죄 때문에 조선 재상으로서 책임을 지고 청에 끌려가 갇혀 있었다.

최명길이 처음에는 김상헌이 명예를 얻으려는 마음이 있다고 의심하여 정승 천거에서 깎아버린 일까지 있었다. 그런데 같이 구금되어 그가 죽음이 눈앞에 닥쳐도 확고하게 흔들리지 않는 것을 보고는 드디어 그의 절의를 믿고 탄복하게 되었다. 상헌도 처음에는 명길을 남송南宋의 진회秦檜와 다름이 없다고 생각했는데, 그가 죽음의 위협에도 스스로 뜻을 지키며 흔들리거나 굽히지 않는 것을 보고 그의 마음이 본래 오랑캐를 위한 것이 아님을 알게 되었다. 그래서 이후로는 두 집이 서로 공경하고 존중했다.

진회는 남송의 재상을 지낸 인물이다. 금나라가 화북지역을 점령하고 송을 멸망시키려 할 때 진회는 주전론자들을 누르고 금나라와의 화친에 앞장섰다. 화친 조약에 따라 남은 화북지역을 금에 빼앗겼고 매년 막대한 은과 비단을 조공으로 바치며, 금나라에 신하의 예를 취해야 했다. 그는 자신을 매국노라 비판하며 화친을 반대하는 이들을 철저하게 탄압하며 오래도록 재상으로 지내다가 죽었다. 김상헌은 최명길이 바로 이 진회와 같다고 여겼다가 나중에 오해였음을 알게 되었던 것이다. 『연려실기술』에서는 이런 내용을 적은 후에 두 사람이 지은 시를 함께 소개했다. 앞의 것은 김상헌의 것이요, 뒤의 것은 최명길의 것이다.

양대의 우정을 찾고	從尋兩世好
백 년의 의심을 푼다	頓釋百年疑

그대 마음 돌 같아서 끝내 돌리기 어렵고	君心如石終難轉
나의 도는 둥근 고리 같아 상황에 맞춘다	吾道如環信所隨

결국 두 사람은 장차 정승의 자리에 함께 올라 일하고 싶다는 마음을 표현할 만큼 진정한 이해와 교감을 이루었다고 한다. 호란을 두고 척화파와 주화파로 양분되어 대립하기만 했을 거라 생각하기 쉽지만 정작 그때는 그렇지 않았던

것이다. 척화와 주화, 그 사이가 약한 나라 조선이 선 자리였던 것이다.

명분과 실리 사이

임경업을 어떻게 평가할 것인가? 쉽지 않다. 아직도 인터넷에서는 임경업에 대해 서로 상반된 평가를 하며 논쟁하는 사람들이 많다. 우호적인 평가와 부정적인 평가가 갈릴 수밖에 없는 것이 그의 삶이다. 세상의 변화를 읽지 못하고 자신의 소신만을 굳게 지키다가 다른 사람을 죽게 만들기도 했고, 나라를 위기에 빠뜨리기도 했으니, 그의 소신과 행동을 '그만의 자유'였다 말하기는 어려울 것이다.

하지만 이런 인물도 있어야 세상이 균형을 잡는다는 점은 고려할 만하다. 세상이 변했다고, 힘 가진 자가 변했다고 모두가 그 힘만 따라간다면 세상은 어떻게 될 것인가? 힘의 논리만 힘을 쓰게 된다면 예의도, 염치도, 질서도 없는 세상이 되어버리고 말 것이다. 그래서 최명길의 신도비명에 있던 구절이 명언이다. "찢는 자도 없어서는 안 되고, 다시 맞추는 자도 마땅히 있어야 한다."

끌려간 여인들과 환향녀를 위하여

:「박씨부인전」

우리가 알고 있는 박씨부인 | 박색이냐 미색이냐 | 조선의 특징은 여색을 밝히는 것? | 병자호란과 정신적 분풀이 | 여자의 안식처 | 청나라 수도 심양의 조선인 포로 매매 | 내 돈 가지고 내 가족을 위해 쓰는 것이 남에게 미치는 영향 | 환향녀를 향한 칼날

「박씨부인전」

인조 때에 재상 이귀는 금강산에 산다는 박처사를 만나 그의 비범함을 믿고 박처사의 딸을 자기의 아들 이시백과 혼인시킨다. 하지만 박씨부인은 너무나 못생겨서 남편은 물론 온 집안사람들과 종들까지 그녀를 무시했다. 하지만 박씨부인은 뛰어난 솜씨로 관복을 짓기도 하고, 말을 매매하여 집안을 부유하게도 했으며, 훗날을 위해 후원도 가꾸었다. 어느 날 박처사가 찾아와 딸의 액운이 다했다며 박씨부인의 허물을 벗게 하니 박씨부인이 놀라울 만큼의 미녀가 되었다. 이제는 범접할 수 없는 미인이 된 박씨부인에게 남편 이시백은 준열한 꾸지람을 듣기도 했다.

한편 청나라에서는 조선을 침략하기 위해 먼저 여자 자객 기홍대를 보내 조선의 이시백과 임경업을 죽이게 했다. 박씨부인은 미리 알아차리고 기홍대의 정체를 폭로하여 그를 돌아가게 함으로써 청에 경고했다. 하지만 병자년, 청은 임경업을 피하는 경로를 통해 조선을 침략해 왔다. 청군 장군 용골대가 이시백의 후원을 공격했으나 박씨부인이 여러 나무로 진을 쳐놓은지라 이기지 못하고 오히려 목이 잘렸다. 그의 형제 용울대가 한양을 노략질하고 왕비와 왕자와 여러 여인을 잡아 돌아가려다 동생의 죽음 소식을 듣고 박씨부인을 치러 왔으나 오히려 무수히 병사만 잃고 말았다. 결국 무릎을 꿇고 살려달라고 하니, 박씨부인은 하늘의 운수라 그냥 보내준다고 하면서 왕비는 데려가지 못하게 했다. 용울대는 울며 나머지만 데리고 돌아갔다. 조정에서는 박씨부인을 충렬부인으로 봉하고 크게 높였다.

우리가 알고 있는 박씨부인

요즘 사람들이 아는 고소설은 몇 편 되지 않지만 「박씨부인전」을 아는 사람은 꽤 있다. 그런데 「박씨부인전」 하면 흔히 두 가지를 생각한다. 하나는 박씨부인이 매우 못생긴 사람이었다는 것과, 다른 하나는 「박씨부인전」은 병자호란의 치욕 때문에 정신적으로나마 위인을 얻기 위해 거짓으로 우리가 이긴 것처럼 쓴 소설이라는 것이다. 맞다. 두 가지 모두 맞는 사실이다. 「박씨부인전」의 앞부분은 박씨부인의 얼굴과 관련된 일화로 이야기가 전개된다고 하면 맞고, 뒷부분은 조선 사람들의 정신적인 분풀이용이라고 하면 맞다.

박색이냐 미색이냐

박씨부인이 얼마나 못생겼냐 하면 소설에서는 이렇게 묘사한다.

> 그제야 신부의 생김새를 보니 얼굴 가운데 거칠고 더러운 때가 줄줄이 맺혀 마마 자국으로 얽은 구멍에 가득하며, 눈은 달팽이 구멍 같고, 코는 심산궁곡의 험한 바위 같고, 이마는 너무 벗어져 태상노군太上老君이라는 노자의 이마 같고, 키는 8척이나 되는 장신인데다가, 팔은 늘어지고 한쪽 다리는 저는 듯해서 그 용모를 차마 바로 보지 못할 정도였다.

세상에 이런 사람이 실제 있었으랴만 묘사할 수 있는 최대치로 추녀 중의 추녀를 그려놓았다. 너무 못생긴 나머지 민망해서 "차마 바로 보지 못할 정도"라고 했다. 신랑은 물론이요, 시아버지 되는 이귀 역시 순간적으로 "한번 보고 정신이 아득하여 다시는 대할 마음이 없어"졌다고 했으니 한마디로 숨막힐 듯한 '미모'가 아니라 숨막힐 듯한 '박색'이었던 것이다.

하나가 미우면 다 미워 보인다고 「박씨부인전」의 전반부는 온통 그런 이야기로 이어진다. 신랑 이시백은 부인의 인물을 본 후 대면도 안 하니 박씨는 할 일이 없어 늘 잠만 잤다고 한다. 또 빨래며 바느질 등 조선시대 여인들이 했던 일을 통틀어 여공女工이라고 하는데, 박씨부인은 이런 것에는 힘쓰지 않으면서 밥은 많이 먹었다고 한다. 며느리에 대한 시어머니의 신경질은 노골적이어서, "쓸데없는 중에 게을러 잠만 자고 여공재질은 못 하는 것이 밥만 포식하려 하니 어디다 쓴단 말이냐" 하면서 "이후에도 조석도 적게 먹여야지" 했다고 한다. 주인이 그러니 종들이야 곧 따라 하기 마련. 그래서 그들조차 박씨부인을 함부로 대했다.

부부 사이에는 방안에서의 일이 있는 법. 신랑 이시백은 어땠을까? 이 부분이 또 배꼽을 잡게 한다. 가부장 사회에서는 부친의 명을 거역할 수 없어 못생긴 아내를 내쫓을 수는 없었다. 그래서 신방에 거동하지 않는 것으로 대처했다. 바깥사돈의 놀라운 능력을 보았던 시아버지는 며느리 역시 놀라운 재질이 있을 것이라 여겨 아꼈다. 그래서 자식을 향해 불효막심한 놈이 부모를 가벼이 여기고 인륜을 해치려고 부부간에 화락하지 않는다고 호령을 했다. 이후에 다음 대목이 이어진다.

> 이시백이 아버지의 명을 받은 후 그 명을 거역하지 못하고, 없는 정이 있는 체하며 마음을 강하게 먹고 내당에 들어가보았다. 하지만 부친의 훈계는 허사요, 박씨를 미워하는 마음이 전보다 더했다. 등잔 뒤에 부채로 얼굴을 가리고 밤을 지내더니, 새벽닭이 울자 즉시 나와 부모님께 문안했다. 아버지야 어찌 이런 줄을 알리오.

'마음을 굳게 먹고' 없는 정이 '있는 듯' 노력해봤지만 '보자마자' 마음먹은 것이 되돌아가더라는 서술, 차마 얼굴을 볼 수가 없어서 부채로 얼굴을 가리고 있다가, 새벽닭이 울자마자 나오는 장면이 한편 해학적이기까지 하다. 나중에 이런 사실을 안 시아버지 이귀가 아들을 불러다놓고 큰 소리로 크게 꾸짖으며 "너

같은 자식을 무엇에 쓰겠느냐" 하는 대목까지 나온다.

그러다 '액운이 낀 때가 지나' 아버지 박처사의 명대로 박씨부인은 허물을 벗었다. 이번에는 놀랄 만한 미인이 된다. 이번에는 남편 이시백의 입장이 바뀌었다. 정말 예쁜 미인과 잘 지내고 싶어도 아내는 추풍한설, 즉 가을바람같이 매섭고 겨울 눈발처럼 차가워 범접할 수 없었다. 그간 한 짓이 있어서 미안하기도 했지만, 예쁜 아내를 두고 보기만 해야 해서 마음이 요동쳤다. 이번에는 누가 가라고 하지 않아도 아내의 방에 들어가지만 아내는 요지부동이다.

박씨 촉을 밝히고 안색을 엄정히 하고 앉았으니, 기운이 서리 같아 감히 말도 못 붙이고 박씨가 먼저 말하기만 기다리고 있었으나 끝내 말 한마디 없었다. 시백이 스스로를 탓하며 "부인이 이같이 하심은 내가 그동안 박대한 탓이로다" 탄식하기를 마지아니하되, 부인은 가부간 한마디도 대답하지 않았다. 시백이 하릴없이 촛불 아래 앉아 있었는데 어느덧 새벽닭 우는 소리가 먼 마을에서 들려왔다. 외당에 나와 세수하고 모친께 문안하고 물러나 서당에서 지내고 종일토록 마음을 가누지 못하고 날이 저물기를 기다리다가 밤이 되자 피화당에 들어갔는데, 박씨의 엄숙함은 날이 갈수록 더욱 심해졌다. 시백이 죄지은 사람같이 박씨가 말할 때만 기다리고 앉아 있었는데 그렇게 또 하룻밤을 새우고 나서는 말없이 나오니 부모님께 문안하고 물러나 서당에 나와 생각할수록 후회막급이라. 이렇듯 밤이 되면 내당에 들어가 앉아 밤을 새우고 낮이면 서당에 나와 한탄하기를 이미 여러 날에 이르렀다.

결국 이시백은 아내를 두고 상사병까지 날 지경이 되었다. 나중에는 결국 부인 앞에 가서 "눈물을 뚝뚝 흘리며 서럽게 울면서" 다시 한번 자기를 생각해달라고 한다. 엄연한 자기 아내를 두고 상사병이 드는 남편! 조선 같은 봉건시대에 아내 앞에서 눈물을 뚝뚝 흘리며 비는 남편! 그 모습을 상상하면 얼마나 재미있는가? 아마 그런 재미 때문에라도 「박씨부인전」은 당시에도 많이 읽혔던 것이 아닐까 한다.

조선의 특징은 여색을 밝히는 것?

남편이 울며 빌게까지 한 박씨부인은 그제야 말문을 연다.

그대는 아내가 박색이라 하여 3, 4년을 천대하였으니 부부유별은 어디 있으며, 옛사람이 이르기를 "조강지처는 내치지 않는다" 했는데 그대는 다만 미색만 생각하고 부부간 오륜을 생각지 아니하면서 어찌 덕을 알며, 처자의 속 깊음을 모르고 입신양명하여 보국안민할 수 있겠습니까. 지식이 저다지 없은진대 효와 충심을 어찌 알며 백성을 편안케 하는 도를 어찌 알겠습니까. 이후는 효도를 다하여 수신제가를 명심하소서. (…) 첩이 본시 형용을 감추고 추한 모습으로 있었던 까닭은 군자가 미혹되지 못하게 하여 공부에 전념하게 하고자 했기 때문이며, 그사이 첩이 말하지 않음은 군자로 하여금 스스로 잘못을 깨닫게 하기 위함이요, 지금 본래의 모습으로 되돌아왔으나 한평생 마음을 풀지 않을까 하다가,

여자의 연약한 마음으로 장부를 속이지 못하여 지난 일을 풀어버렸으니 부디 이 후는 명심하옵소서.

조선이라는 유교 국가에서 삼강오륜은 기본 중의 기본이다. 그런데 남자가 여자의 예쁜 얼굴만 좋아하는 것은 삼강오륜을 망치는 것이라며, 말 그대로 그런 사람은 '사람도 아니라'는 식으로 호통을 친다. 그렇게 해놓고는 아내가 남편 위에 군림하는 것도 삼강오륜에 어긋나는지라 얼른 다음 설명을 붙인다. 남자가 여자에게 빠져서 공부를 소홀히 할까봐 처음에는 못생긴 얼굴로 있었고, 남자로 하여금 반성하게 하려고 한참 동안 말을 안 했다는 것이다. 얼굴을 둘러싼 부부의 미묘한 감정이 재미있게 펼쳐지다가 교훈으로 끝나 일면 싱겁기도 한 결론이다.

한편 이때 오랑캐, 즉 청나라가 조선을 침략하려고 했다. 그 준비를 의논하는 중 영웅호걸스러운 여인 호귀비가 의견을 낸다. 조선에 큰 인물이 있으니 먼저 그를 제거해야 한다는 것이다. 그러면서 이렇게 말한다. "조선은 탐재호색하오니 계집을 구하되 인물이 뛰어난 계집을 보내면 성사될 것입니다." 탐재호색, 즉 재물을 탐하고 여자를 밝히는 것이 조선 사람의 특성이라고 한마디로 규정한다. 그러니 재주가 있는 '미녀'를 보내면 어떤 인물이든지 조선 남자가 넘어올 것이라는 말이다. 실제로 이시백은 박씨부인에게 "여자의 용모를 사랑해서 가까이하시면 대환을 면치 못할 것"이라는 경고까지 들었지만 자신을 찾아온 청나라의 첩자 '기홍대'에게 마음을 빼앗길 뻔했다. 예나 지금이나 남자가 조심해야 하는 것은 여자요, 그렇게 하지 않으면 나라까지 망친다는 통속적인 교훈이 여기에 자리잡고 있다.

여기까지가 얼굴을 통해 읽는 「박씨부인전」이다. 소설의 전반부는 추녀와 미녀에 대응하는 남자의 모습을 보였고, 후반부는 여인 박씨가 청나라 군대에 통쾌한 승리를 거두는 내용이다. 그리고 그 가운데 첩자 기홍대를 처치하는 장면이 들어 있다. 여자에게 약한 남자의 모습과, 기홍대를 처치하여 국가적인 영웅이 죽는 것을 막고 국가에 대비하도록 경고까지 하는 뛰어난 부인의 모습이 대비된다.

병자호란과 정신적 분풀이

병자년에 청나라가 조선을 침범한 것이 병자호란이다. 박씨부인이 동쪽을 방비해야 한다고 경고했으나 김자점으로 대표되는 간신 집단의 반대로 부인의 의견은 받아들여지지 않았다. 청군은 임경업이 방비하는 백마산성을 지나쳐 곧장 동쪽 길로 내려와 한양으로 왔다. 이후는 우리가 알고 있는 역사적 사실과 같다. 국가의 중책을 맡은 많은 인물들이 강화도와 남한산성으로 피란했고 남은 백성은 청군에게 짓밟힘을 당했다.

박씨부인은 미리 일가친척을 피화당避禍堂으로 모아두었다. 변변한 저항도 받지 않고 내려와 의기양양하던 청나라 장수 용골대가 한양에서 이상하게 아무런 약탈도 당하지 않은 집 한 곳을 발견했다. 박씨부인이 거처하고 있던 피화당과 그 후원이었다.

용골대가 부인의 신기묘법을 모르고 피화당에 있는 것들을 짓밟고자 급히 들어갔는데, 청명하던 날씨에 문득 검은 구름이 일어나며 뇌정벽력雷霆霹靂이 천지 진동하고, 무성한 수목이 변하여 무수한 갑병甲兵이 되어 점점 에워싸고 가지와 잎은 창검이 되어 깜짝 놀랐다. 그제야 용골대는 그곳이 우의정 이시백의 집인 줄 알고 크게 놀라 도망치려 했지만 문득 피화당이 첩첩산중으로 변했다.

용골대는 출정 전에 이미 조선에 신인神人이 살고 있으니 우의정 이시백의 집에는 얼씬도 하지 말라는 당부를 들은 뒤였다. 하지만 제대로 살피지 않고 박씨 부인의 후원으로 뛰어들었다가 오도 가도 못하는 신세가 되고 말았던 것이다. 소설 본문에서 잘 드러나듯, 마치 『삼국지』에서 제갈공명이 쳐놓은 진법처럼 변화무쌍한 '나무 진'이 펼쳐졌다. 그래서 사람들은 또 『삼국지』를 읽는 기분으로 이 부분을 읽는 재미를 누릴 수 있다. 결국 용골대는 부인으로부터 꾸지람만 듣고 결국 목이 떨어져 죽었다. 부인은 여종 계화를 시켜 그 목을 후원 높은 나무 끝에 달아 누구나 볼 수 있게 했다.

청군의 장군으로 왔던 용울대는 남한산성에서 왕의 항복을 받고 의기양양해하던 중 동생의 죽음 소식을 들었다. "누가 감히 내 동생을 해하였는가?" 분하여 원수를 갚고자 왔다. 그러나 마찬가지 신세가 되어 들어가서 원수는 갚지도 못한 채 번번이 나무 사이에서 정신만 산란했다. 불을 질러 후원을 태워버리려 했는데 갑자기 바람이 일어 용울대 병사 쪽으로 불어 오히려 수많은 군사들만 잃었다. "아무리 해도 그 여자에게 원수를 갚을 수 없사오니 퇴군하시는 것이 좋겠습니다." 주위에서 권유했다.

“소장의 아우의 머리를 내주시면 부인 덕택으로 고국에 돌아가겠나이다.”

부인이 크게 웃으며 말했다.

“옛날 중국의 조양자는 지백의 머리를 옻칠하여 술잔을 만들어 이전에 진 원수를 갚았으니, 나도 옛날 일을 생각하여 용골대 머리를 옻칠하여 남한산성에서 패한 분을 만분의 일이나마 풀리라. 너의 정성은 지극하나 모두 자신의 임금을 섬기는 것은 마찬가지다. 아무리 애걸해도 그렇게는 못해주겠다.”

용울대 이 말을 듣고 분심이 충천하나, 용골대의 머리만 보고 크게 울 뿐, 어쩔 수 없어 하직하고 행군했다.

힘으로 박씨부인을 이길 수도 없고 애걸해도 그 마음을 움직일 수 없었던 용울대는 하는 수 없이 저 높이 달린 동생 머리만 쳐다보고 울며 발길을 돌려야 했다. 조선의 왕 인조가 누르하치 앞에서 세 번 절하고 아홉 번 머리를 조아리며 항복했던 그 분함을 생각하면 이 장면이 위로가 되지 않는가? 「박씨부인전」의 후반부를 정신적인 분풀이용이라고 한 것이 바로 이 때문이다.

여자의 안식처

박씨부인의 복수와 용울대의 사과는 순전히 상상력의 산물이다. 동생의 원수 갚기를 포기하고 용울대가 나머지 포로를 이끌고 돌아가는 장면부터는 사실적인 내용이 자리를 잡는다.

포기한 용울대 군대가 출발하는 장면은 이렇다.

왕비와 세자 대군과 장안 물색을 거두어 행군하니 백성의 울음소리에 산천이 움직이더라. 이때 부인이 계화로 하여금 적진을 대하여 크게 외어 말하기를,

"무지한 오랑캐놈아, 내 말을 들어라. 너희 왕은 우리를 모르고 너 같은 구상유취를 보내 조선을 침노하니 국운이 불행하여 패망을 당했거니와 무슨 연고로 우리나라 인물을 거두어가려 하느냐. 만일 왕비를 모셔가면 너희는 함몰할 것이니 신명을 돌아보라"

하거늘 (…) 문득 공중으로 쌍무지개가 뜨고 우박이 퍼붓듯이 쏟아지며, 순식간에 비가 내리고 눈보라가 치고 얼음이 일어, 오랑캐 진영 장졸과 말발굽이 얼음에 붙어 떨어지지 않아 꼼짝달싹도 못했다.

왕비와 세자, 대군까지 포로로 데려가는 것을 보고 박씨부인이 여자인 왕비는 두고 가라고 한 것이다. 이미 항복을 받았으니 누구를 데려가든 데려가지 않든 우리 마음이라 하던 청군은 박씨부인의 술법에 겁이 질려 "왕비는 모셔가지 않을 것이니 저희에게 길을 열어 돌아가게 해주십시오" 하며 빈다. 그래서 왕비는 포로로 잡혀가지 않는다.

이후 조정에서는 박씨부인의 호쾌한 활약에 감동하여 큰 상을 베풀었고 박씨부인은 남편 이시백과 함께 행복하게 살았으며, 여러 자식을 두고 그 자식도 모두 훌륭하게 되었다며 작품은 끝을 맺는다. 하지만 이것은 해피엔딩을 바라는 사람들의 바람에 따른 결말일 뿐이다. 「박씨부인전」이 담고 있는 현실은 사실

훨씬 심각했다.

「박씨부인전」에서는 박씨부인의 활약으로 왕비가 잡혀가다가 놓여났다고 했다. 이것은 사실과 다르다. 왕비는 처음부터 잡혀가지 않았다. 하지만 소설적으로는 박씨부인이 한 나라의 국모인 왕비를 구해냄으로써 그가 잡혀가는 것을 막았다고 하여 '전쟁'과 '잡혀간 여인'의 문제에 이목을 집중시킨다.

앞서 용골대 등이 피화당과 그 후원을 공격하기 전 박씨부인은 일가친척을 다 피화당에 모여 있게 했다. 청군이 사방으로 다니며 여인들을 잡아간다는 소식에 그곳에 모여 있던 여인들도 술렁거렸지만 부인은 그곳에 조용히 있으면 괜찮을 것이라 했다는 서술이 나온다. 그리고 그곳에 있던 여인들은 그 말대로 정말 안전하게 몸을 보전할 수 있었다. 그렇다면 거기에 들지 못한 여인들은 어떠했을까? 「박씨부인전」이 가리켜 드러내고 있는 문제가 바로 이것이다. 사실 현실 속에 피화당은 없었으니 결국 '병자호란 당시 여인들은 어떻게 되었는가?' 하는 문제를 제기한 것이다.

「박씨부인전」에는 왕비를 뺀 나머지 사람들이 청나라로 끌려가는 대목이 나온다. 거기에 여인들의 목소리가 나온다.

> 다시 하직하고 세자 대군과 장안에서 붙잡은 사람들을 데리고 의주로 갈 때, 잡혀가는 부인들이 하늘을 우러러 통곡하면서 말하기를
>
> "박부인은 무슨 복으로 화를 면하고 고국에 편안히 있고, 우리는 무슨 죄로 만리타국에 잡혀가는가. 이제 가면 언제 고국산천을 다시 볼까"
>
> 하고 통곡하며 눈물을 흘리는 자가 무수했다.

"우리가 무슨 죄를 지었기에 잡혀가는가?" "이제 가면 언제 돌아올 수 있을까?" 하는 여인들의 피맺힌 목소리가 생생하다.

전쟁이 일어나자 백성 위에 군림하며 온갖 군역을 지게 하고 부세를 거두어 가던 조정과 왕은 자기들만 피란 가기에 바빴고 길거리의 백성들은 아무 준비 없이 청의 군사들에게 유린당했다. 가부장적 권위 아래 여인을 집 안에만 가두고 남자의 수족처럼 지내게 했던 남자들은 위험한 순간에 전혀 여자들을 지켜주지 못했다. 병사들은 한양 등지를 샅샅이 뒤지고 다니며 젊고 예쁜 여인들을 잡아갔다. 그때 여인들이 간절히 원했던 것은 안전한 피난처였을 것이다. 누군가 자신들을 지켜주어 화를 피할 수 있는 곳! 그런 소망이 곧 박씨부인의 피화당이라는 가상공간을 탄생시킨 것이다.

청나라 수도 심양의 조선인 포로 매매

청군은 돌아갈 때 수많은 조선인들을 데리고 갔다. 북쪽 땅에는 본래 인구가 적어 농사짓기도 어렵고 여러 가지 불편한 점이 많아 인구를 늘리는 것 자체가 큰 과제였으므로 조선 포로를 많이 잡아갈수록 이익이었다.

청나라는 1636년 12월에 조선에 들어와 다음해 1월 말에 인조의 항복을 받았다. 그리고 수많은 포로를 이끌고 돌아가기 시작했다. 누가 썼는지는 밝혀져 있지 않으나 병자호란 당시 남한산성에 있었던 사람이 쓴 것이 확실한 『산성일기』 2월 2일 자에서는 끌려가는 이들의 모습을 이렇게 묘사했다.

적병 행렬 중에 끌려가는 우리나라 사람이 반도 넘었는데, 이들은 감히 소리도 내지 못하고 조용히 말하면서 사람을 찾거나 물었다. 혹 길에 엎드려 비는 모양을 하는 사람이 있으면 적이 쇠채로 때렸다. (…) 사대부의 처첩들과 처녀들은 차마 낯을 드러내지 못하고 얼굴을 싸고 있는 이가 무수했다.

자기도 끌려가면서 다른 이들의 안부를 묻고 싶어하는 이들이 있었으며, 살려달라고 빌기라도 하면 사정없이 떨어지는 매에 고꾸라지는 사람도 있었다. 그리고 사대부의 처첩들과 처녀들은 자기 잘못으로 끌려가기라도 하는 양 차마 고개를 못 들고 얼굴을 가렸다 한다.

당시 재상 최명길이 명나라군 지휘부에 보낸 글에 의하면 청군에 끌려간 조선인의 수는 50만 명이었다. 하지만 나만갑羅萬甲이 쓴 『병자록丙子錄』에 의하면 심양에 있는 조선군 포로의 수만 60만이고, 그나마 청나라와 연합군이 되어 함께 왔던 몽골군에게 포로가 되어 끌려간 이들의 숫자는 여기에 포함되지 않았다고 했으니 얼마나 많은 조선인이 끌려갔는지 종잡기도 힘들다. 병자호란 직후 조선 전체 인구가 850만이었다는 연구 결과(이영구·이호철, 「조선시대의 인구규모추계(Ⅱ)—17, 8세기 인구증가윤 추계를 중심으로」, 1987)를 참고하면, 당시 포로가 되어 잡혀간 조선인의 규모가 어느 정도인지 가늠해볼 수 있다.

그리고 청나라는 같은 해 5월 17일부터 조선인 포로의 매매를 허락했다. 심양의 남변문 밖에 포로를 사고파는 시장이 섰다고 한다. 병자호란 후 볼모로 끌려가 청의 수도 심양에 살고 있던 소현세자의 일기에 그날의 풍경이 적혀 있다.

포로들의 매매를 허락했다. 청나라 사람들이 포로들을 성문 밖에 모아놓으니 그 수가 수만이나 되었다. 모자가 상봉하기도 하고 형제가 서로 만나 부여잡고 울부짖기도 하니 곡소리가 천지를 진동할 지경이었다.

황망한 중에 각기 붙잡혀 끌려갔으니 다른 가족의 생사를 어찌 챙겼으랴. 거기서 어머니를, 자식을, 형제를 만난 사람들은 서로 부여잡고 통곡했다고 기록했다. 살아서 가족을 만났다는 기쁨도 잠시, 이역만리 남의 땅에서 매매시장에 나온 물건이 된 신세를 생각하며 통곡했던 것이다. 끌려가 요동 땅에 버려진 조선 남녀들이 모여 요즘말로 '코리아타운'이라 부름직한 고려보高麗保를 이루기도 했다.

기록에 의하면 소현세자는 심양에서 자주 아팠다. 청나라의 눈치를 보며 여기저기 사냥에도 동원되어야 하고, 조정에 불려가 꾸지람을 듣고 조선에 말을 전하기도 해야 하는데 날이 갈수록 자꾸 아파 이런 자리에 나가지 못했다는 기록이 자주 보인다. 어쩌면 그는 기가 막히고 분통이 터지는 장면들을 보며 살아야 했기에 속병이 들었던 건 아닐까.

내 돈 가지고 내 가족을 위해 쓰는 것이 남에게 미치는 영향

잡혀간 이들 중 일부는 끌려가는 도중이나 청의 수도에서 가족이나 가까운 사람이 돈을 내고 데려갔다. 이 돈을 속환비라고 하는데, 이것이 당시에 많은 문제를 일으켰다. 처음에는 베 10여 필 정도면 포로를 풀어주었다. 하지만 가족은 누구에게나 소중하므로 끌려간 자기 딸과 아들을, 며느리를, 아내와 어머니를 속환시키려는 남은 가족이 많았다. 이 숫자가 많아지다보니 속환가가 점점 치솟았다. 『인조실록』 15년1637 4월 21일 조에 우의정 최명길이 왕에게 이런 글을 올린다.

> 속환 값은 본래 저렴했는데 점점 오르는 것은, 속환하기를 원하는 사람이 골육의 속환에 다급하여 값의 많고 적음을 따지지 않았기 때문입니다. 그래서 속환 값을 비싸게 요구하는 폐단이 생겼는데, 한 사람의 값을 혹 몇백 금으로 논하는 자도 있다 합니다. 이럴 경우에 가난한 백성은 끝내 속환할 길이 없게 됩니다.

돈 있는 사람이 '청이 부르는 대로' 값을 다 주고 속환하다보니 속환가는 계속 올라가고, 그렇게 되니 가난한 백성은 아예 속환할 길이 막혀버렸다는 것이다. 그런 사정을 지적하면서 최명길은 "한두 명의 재물 있는 자가 많은 값을 아끼지 않은 탓으로 수많은 사람을 끝내 이역에서 죽게 한다면" 이것은 옳지 못한 일이라고 항변한다. 그러면서 조정에서 금지법을 마련해 속환가를 최대 100냥으로 하여 "저들이 높은 값을 요구한다면 차라리 버려두고 돌아오는 한이 있더라도 끝내 이 액수를 넘기지 못하게" 하자고 했다. 그렇게 되어 속환하려는 사람이 없어지면 오히려 청나라측에서는 자기들이 손해이므로 공평한 값을 부르게 될 거라는 것이다. 인조는 이 건의를 받아들인다. 하지만 누구나 절박하게 "내 가족만은……" 하며 나섰기에 이 문제는 해결되지 못했다.

누군가 정당하게 돈을 벌어서 부자가 되었다면 잘못이라 할 수 없다. 또 남의 돈을 끌어다가 쓰지 않고 내 돈으로 내 가족을 위해서 쓰는 것을 무슨 잘못이라 할 수 있으랴. 하지만 내 돈 가지고 내 가족을 위해 쓰는 것이 때로 남에게 큰 피해를 입히는 경우도 있다. 바로 속환가 같은 문제가 그랬다.

병자호란 당시 남한산성에서의 일을 적은 『산성일기』 2월 3일 자에 보면 이런 내용이 나온다.

> 김류가 용골대에게 자기 첩과 딸이 포로가 된 일을 알렸다. "만일 포로에서 빼내준다면 천금을 주겠소" 했다. 이로부터 포로가 된 사람의 값이 중해졌으니, 이는 김류의 말 때문이었다.

조선의 고위 관료였던 김류가 자기 지위를 이용하여 청군 장수에게 자기 첩과 딸을 빼내달라고 직접 말했다. 돈도 없지 않았으므로 천금을 주었다. 그래서 뜻을 이루었다. 하지만 그다음에는 이런 기록이 뒤따른다. "그 말 때문"에 속환가가 올랐다고. 거기에 담긴 원망스런 심사가 행간에서 읽힌다.

볼모로 끌려간 소현세자는 심양에서 여러 차례 조선 조정에 편지를 올렸다. 그것이 오늘까지 남아 전한다. 세자가 심양에서 보낸 장계 중 1637년 5월 24일 기록에는 이런 내용이 나온다.

> 속환을 원하는 사람이 매일 성 밖에 와서 각기 사람을 찾아 속환하는데, 요구하는 가격이 너무나 비쌉니다. 사족, 부모, 처자 등의 속환 값이 많게는 수백 또

> 는 수천 냥이나 되어 속환하기가 매우 어렵습니다. 그래서 사람들은 모두 희망을 잃고 울부짖습니다. 그 소리가 길에 가득입니다. 외로이 친척이 없는 사람은 언젠가 국가에서 속환해주어 돌아가기만을 기다리며 날마다 세자관 밖에서 울며 호소합니다. 참혹하여 차마 못 보겠습니다.

가족을 속환하겠다고 국경 넘어 청국 땅을 찾아왔다가 요구하는 값이 너무 비싸 사람들이 "희망을 잃고 울부짖는 소리가 길에 가득"하다는 장계의 내용은 오늘 읽어도 코끝을 시큰하게 한다. 일가친척이 온 힘을 다하고 이웃에 빌리기까지 하여 돈을 마련했는데, 그사이 속환가가 올라버리면 어떻게 되는가? 돈이 없다는 이유로 가족을 잃거나 버려둘 수밖에 없었던 사람들은 통곡할 뿐이었다. 일차적으로는 나라가 힘이 약해 포로를 만들었지만, 또 욕심부리는 청군과 자기 가족을 살릴 일만 생각하는 악의 없는 부자들이 수많은 사람을 울게 만들었다. 그렇게 가족을 놓아둘 수밖에 없었던 이들은 비록 몸은 조선에 있지만 이미 죽은 것과 다름없는 삶을 살았을 것이다.

내 돈 가지고 내 가족을 위해 쓰는데 남이 무슨 상관이냐고 말할 수 있을까? 남 눈치 보느라고 내 가족을 지키지 못한다면 그게 사람이 할 노릇인가? 아니면, 내 가족만 중요한 것이 아니라 다른 이들도 가족이 중요하니 다른 이들의 속환을 위해서 내가 지금 참아야 하는가? 이것이 당시의 딜레마적인 물음이었고, 우리가 앞으로 언제든 답해야 할지도 모를 질문이다.

환향녀를 향한 칼날

포로로 잡혀갔던 이들 중 여성이 당한 고통은 더욱 심각했다. 힘이 없어서 내주었던 사람들, 힘이 없어서 지켜주지 못했던 사람들 중 일부는 다행히 돌아올 수 있었다. 일부는 늙고 병들었다는 이유로 청군이 자발적으로 놓아주었고, 일부는 도망을 쳐서 돌아왔고, 일부는 돈을 주고 속환해서 돌아왔다. 병자호란 후 2년이 지났을 무렵 볼모로 잡혀 있던 소현세자와 봉림대군이 조선으로 돌아올 때 조선과 청의 협상에 의해 약 3만여 명의 여인들이 속환되어 돌아오기도 했다. 하지만 그들을 맞이한 것은 따뜻한 포옹과 위로의 말이 아니었다. 언제 돌아왔건 일단 포로가 되어 갔다가 온 여인을 통틀어 '환향녀'라고 불렀다. 오늘날 행실을 함부로 하는 여자라는 나쁜 의미로 사용하는 '화냥년'이라는 말이 여기에서 왔음은 어렵지 않게 짐작할 수 있다. 그리고 오늘날 쓰이는 화냥년이란 단어의 의미에서 조선시대 '환향녀'에 대한 사회의 분위기 역시 짐작할 수 있다.

병자호란 후 조선에서는 국방을 잘못한 것에 대한 반성이나 책임자 문책, 새로운 국방과 외교정책 전환 등에 대한 논의가 이루어지는 대신 오히려 환향한 여인을 어떻게 심판할 것인가에 대한 논의가 이어진다. 국가가 제 역할을 못해 백성을 지켜주지 못했으면서도, 힘들게 돌아온 환향녀에 대해서 조정과 벼슬아치들은 심판의 칼을 들었다. 실록 곳곳에서 이들을 심판하는 논리를 볼 수 있다. 예컨대 『인조실록』 16년1638 3월 11일 기사에서 신풍부원군新豐府院君 장유張維가 예조에 이런 부탁을 올렸다. "외아들 장선징張善澂의 처가 강화도의 변란중에 잡혀갔다가 속환되어 지금 친정에 있습니다. 그대로 배필로 삼아 함께 선조의 제사를 받들 수 없으니, 이혼하고 새로 장가들도록 허락해주십시오." 그 여인의 아비는 전 승지 한이겸韓履謙이었다. 한이겸은 원통하다며 항의했다. 그래서 조정에서는 이 문제를 두고 논란이 벌어졌던 것이다. 이 논란을 기록한 사관은 끝에 이렇게 평을 붙였다.

> 사로잡혀 갔던 부녀들은, 비록 그녀들의 본심은 아니었다고 하더라도 변을 만나 죽지 않았으니, 절의를 잃지 않았다고 할 수 있겠는가. 이미 절개를 잃었으면 남편의 집과는 의리가 이미 끊어진 것이니, 억지로 다시 합하게 해서 사대부의 가풍을 더럽힐 수는 절대로 없는 것이다.

본심이 아니었다고 하더라도 자결하지 않았으니 절의를 잃은 것이라는 평가에 할 말을 잃는다. 백성과 여인을 지키지 못한 국가와 사대부가 '사대부의 가풍'을 논하며, '선조의 제사' 운운하며 그 약자, 피해자에 대해서 이혼을 요구하는 것이 당시 현실이었다.

또 같은 해 6월 13일 기사에서 영돈녕부사 이성구는 "저 부인들이 의지할 곳을 잃는 것은 참으로 불쌍하지만" 국가의 설의를 무너뜨릴 수 없다고 했다. 현종대까지도 이 문제는 계속 논의된다. 『현종개수실록』 8년1667 8월 7일 기사에서 개가한 자의 자손 서용 문제를 논의하는 과정에서도 피로인이 되었다가 돌아온 여인, 즉 환향녀에 관한 비슷한 논의가 이어진다. 이때 영의정 홍명하는 "포로로 잡혀간 것이 개가한 것과 차이가 있는 듯하나 오십보백보에 불과하니, 그 자손들이 허물을 지고 있음은 이를 미루어서 알 수가 있습니다" 했고, 우의정 정치화도 "포로로 잡혀간 것은 개가한 것과 똑같이 절개를 잃은 것입니다"라 했다. 환향녀에 대해 동정하는 입장을 견지한 사람도 있지만 이들은 소수였고, 목소리도 작았다.

환향했으나 따뜻하게 맞아들여지지 못하고 손가락질만 받던 여인의 상당수가 제 발로 고려보로 돌아가버리기도 했다고 한다. 반성하고 책임져야 할 국가, 사대부가 약자의 행실에 대한 심판자의 자리에 슬쩍 앉아버리는 현장을 우리는 보았다. 그래서 「박씨부인전」에 울며 끌려가던 모습으로 담긴 여인들이 다시 보일 수밖에 없다.

돌아오지 못한 사람들

:「배시황전」

나선정벌 | 대장군의 병영일기 『북정록』과 소설 「배시황전」 | 조선인 병사의 공과 안타까운 죽음 | 소수라도 누군가는 거기서 죽었다 | 전장 속 실존 | 명과 청 사이에서 고뇌하는 조선 사대부의 초상 | 청을 향한 불편한 심리 | 역사는 이어진다

「배시황전」

우랄산맥 서쪽에 있던 러시아가 산맥을 넘어 동쪽의 시베리아를 차지하고 다시 남으로 내려오기 시작하자 청나라는 남하하는 러시아를 막기 위해 전쟁을 벌였고 이 과정에서 두 번에 걸쳐 조선에 출병을 요구했다. 「배시황전」은 두번째 출병 요구와 이에 따른 전쟁을 소설화한 것이다. 사실과 다른 이야기지만, 소설의 내용은 다음과 같다.

청의 파병 요구에 조선은 신류를 장군으로, 배시황을 부장으로 하여 파병했다. 청은 조선 등과 연합군을 구성하여 러시아를 쳤으나 처음에는 참패를 거듭했다. 배시황이 화공을 해야 한다고 주장했으나 청의 원수는 전리품을 챙길 욕심에 이를 받아들이지 않다가 나중에야 이를 받아들여 결국 화공을 통해서 승리할 수 있었다. 청 원수는 감사의 뜻으로 배시황을 집으로 초대하기도 했다. 이후 조선군은 무사히 귀환했다.

나선정벌

16세기 말부터 17세기 중기까지 이어진 전쟁 중 맨 마지막 전쟁은 나선정벌이다. 나선은 러시아를 한자로 음차해서 부르는 말이니 나선정벌이란 러시아 정벌이라는 말이나. 하지만 조선이 러시아를 정벌하는 것이 아니요, 청의 입장에서 러시아를 치는 것이며, 조선은 징병에 응하여 참가한 것뿐이므로 중립적인 입장에서 '나선전쟁' 혹은 '나선원정'이라고 하는 것이 옳다.

러시아의 역사를 볼 때 러시아는 본래 우랄산맥 서쪽에만 있었다. 그러다가 예르마크Eermak가 지휘하는 카자흐 부대가 1500년대 말부터 우랄산맥을 넘어 시베리아 원정을 시작했으며 불과 50~60년 사이에 오호츠크 해 근처까지 왔으니 매우 짧은 기간에 시베리아 전역을 차지한 것이다. 당시 러시아 정부의 주요

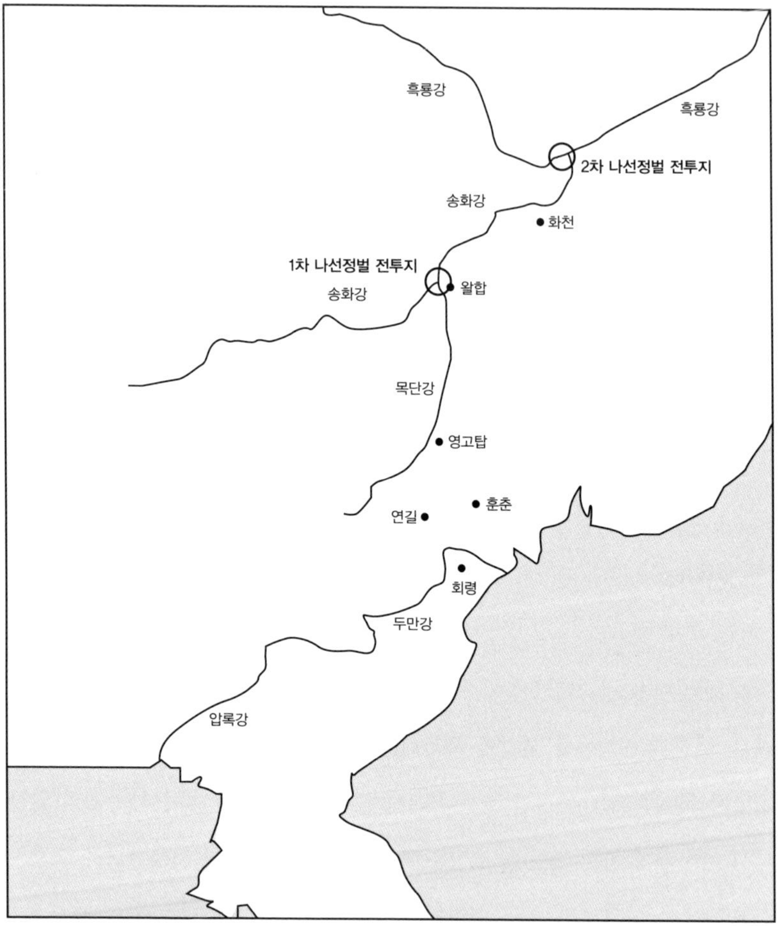

나선정벌 관련 지명과 전투지
(계승범, 「17세기 중반 나선정벌의 추이와 그 동아시아적 의미」, 『사학연구』 110호, 2013 참조)

재원이 모피였기에 시베리아 모피를 차지하여 유럽 시장을 지배하려는 목적에서 이 같은 원정이 벌어졌다는 것이 일반적인 설명이다. 러시아군이 남쪽으로 흑룡강 부근까지 내려오면서 청과 부딪치게 된다. 청으로서는 그들과 국경을 마주하게 된 이상 그들을 간과할 수 없었다. 그래서 청은 1652년을 시작으로 흑룡강을 따라 남하하기 시작하는 러시아에 대해 군사적인 행동을 취했다.

청은 러시아를 몇 차례 공격했으나 그다지 큰 효과를 보지 못하자 조선에 조총 부대 파병을 요구했다. 이에 따라 조선은 두 번에 걸쳐서 조총 부대를 파병한다. 이것을 1, 2차 나선정벌이라고 한다.

1차는 1654년에 있었다. 『효종실록』 5년1654 2월 2일 기사에 의하면 청에서 보낸 차사 한거원韓巨源이 한양에 들어와 효종을 접견했다. 그러고는 청에서 온 자문咨文을 바쳤다. 그 자문에는 총 쏘는 병사 100명을 선발하여 나선을 정벌하게 하라는 내용이 있었고 3월 10일까지 청나라의 영고탑으로 집결하라는 내용도 있었다. 이미 호란에서 항복했고, 청의 요구에 힘써 응하기로 약조한 조선이었기에 그날로 이 청병에 응하여 총수 100명에 나머지 필요한 인물을 더하여 파병군을 준비하고, 군량을 어떻게 할 것인지, 어느 지방의 병사를 보낼 것인지, 그리고 대장은 누구로 할 것인지까지 정했다. 그래서 북우후北虞候 변급邊岌을 대장으로 한 조선의 1차 파병군이 보내졌다. 이 전쟁에서 연합군의 일원이 된 조선군은 특히 육지의 방책에 의지해 지원사격을 했을 뿐이라 따로 사상자가 없었다. 러시아군도 곧 후퇴하고 청군도 식량 부족으로 끝까지 따르지 않아 전쟁이 곧 끝났고 조선군은 모두 무사귀환했다. 『효종실록』 5년 7월 2일 기사에 "북우후 변급이 청나라 병사와 함께 러시아를 격파하고 영고탑으로 귀환했다"

는 내용이 나온다.

2차는 1658년에 있었다. 대장군은 신류申瀏였으며 이때도 역시 총수병을 중심으로 200여 명을 파병했다. 『효종실록』 9년1658 3월 3일 기록에 의하면, 청나라 차사 이일선이 칙서를 가지고 왔다고 하자 효종이 직접 서대문 밖에 나아가서 맞이했다. 차사는 나선 토벌을 하는 상황을 말하고 조선이 군량 다섯 달 치를 보내달라고 요구한다. 이미 청병에 관한 이야기는 있었던 듯하고 여기에 군량 요구까지 더했던 것이다. 효종은 형편은 어렵지만 어찌 보내지 않을 수 있겠냐면서 그 자리에서 허락한다. 이 전쟁에서는 조선군이 전쟁에 깊숙이 간여되어 싸우며 전공을 세웠고, 또 전사자까지 생겨났다. 그래서 두 차례 나선정벌 중 더 많이 이야기되는 것은 2차 나선정벌이다.

조선의 입장에서 생각해보면, 조선 사람이 치러야 했던 전쟁은 1592년 임진왜란부터 시작돼 결국 1658년 나선정벌까지 와서야 비로소 끝난 것이다.

대장군의 병영일기 『북정록』과 소설 「배시황전」

「배시황전」은 사실을 바탕으로 허구를 더하여 쓴 소설이다. 이 글은 상당히 오랫동안 사실을 기록한 것으로 받아들여졌다가, 대장군 신류의 병영일기인 『북정록北征錄』이 발견되면서 결국 소설인 것으로 밝혀졌다. 사실적인 기록인 『북정록』을 바탕으로 이것을 소설화한 것이 「배시황전」이다. 이 둘을 비교해 읽으면서 우리는 전쟁이 실제로 어떻게 진행되었는지 알 수 있을 뿐만 아니라, 당시 사람들이 그런 사실의 어떤 부분을 어떻게 받아들이고 기억했으며 어떤 꿈을 꿨는지까지 알 수 있다.

『북정록』은 신류의 후손이 갖고 있던 것을 발견하여 번역한 것이 발표되어 있어서 누구나 쉽게 찾아볼 수 있다. 본래 제목과 달리 번역, 출간하면서 『북정일기』로 제목을 붙였을 뿐 이들은 같은 책이다. 신류의 『북정록』에는 나선정벌을 위해 출정해서 싸우고 돌아오기까지의 기간인 무술년1658 4월부터 8월까지의 일이 일기로 적혀 있다. '행중기사行中記事'와 '행중약기문견行中略記聞見'으로 구성되어 있으며, 전자에는 전쟁 상황에 관한 내용이 주로 나오고 후자에는 낯선 이역의 문물, 생물, 견문에 대한 메모가 주로 나온다.

「배시황전」은 현재로서는 작자를 알 수 없다. 배시황이라는 가상의 인물이 대장군 신류의 부장이 되어 시종일관 전쟁터에서 함께하여 공을 세운다는 것이 주된 이야기다. 2차 나선정벌에 나서기 이전 청나라군이 나선군에게 번번이 패해 큰 피해를 입었다거나, 2차 나선정벌 당시에도 조선의 공으로 완전히 이기기 전까지 청나라군은 계속 지면서 많은 사람이 죽었다고 형상화한 점 등은 역사적 사실과 다르다. 나선정벌에 참여한 실존 인물 신류를 등장시키고, 또 실제 지명들을 사용하는 등 많은 부분을 역사적 사실에서 가져왔으면서도 어떤 부분은 상상으로 바꾸어 소설화한 작품인 것이다. 흔히 불만이 있는 부분을 바꾸거나, 강조하고 싶은 부분을 더 확대하는 것이 역사를 바탕으로 한 소설 작법의 일반적 원리다. 그래서 소설 「배시황전」에서도 당대 사람들의 좌절과 바람을 엿볼 수 있다.

조선인 병사의 공과 안타까운 죽음

「배시황전」은 사실 기록과 비교할 때 특별히 두 가지 면에 집중했다. 하나는 배시황이라는 가공의 인물을 창조함으로써 나선전쟁에서 조선군이 세운 공을 보다 확실히 형상화했다는 점이다.

「배시황전」의 주인공 배시황은 가공의 인물이다. 신류의 부장이 있었다는 역사 기록도 없고 신류의 일기에도 그 이름은 나오지 않는다. 오직 이 소설만을 위해 만든 인물인데 그 목적은 한마디로 조선인의 전공을 강조하기 위함이다. 실존 인물인 신류의 이야기를 거짓으로 꾸밀 수 없으니 그대로 두고, 배시황의 활약을 거짓으로 꾸며내 조선인의 공을 극대화한 것이 「배시황전」의 전략이었다.

배시황은 전장에 당도하자마자 출정하라는 청나라 원수의 명령을 받지만 불가함을 아뢰어 출정을 늦추고, 또 각종 짐이 무거운 것을 헤아려 원수를 만난 고을에서 수레와 건장한 소를 구해 군량 등을 싣고 움직이게 했다. 병든 병사의 고름을 빨아 그들의 사기를 진작한 것도 배시황이었다. 무엇보다도 그는 연전연패하던 청나라 원수에게 화공을 거듭 제안하여 결국 전투를 큰 승리로 이끌었다. 그리하여 공격 허가를 받은 배시황은 몸소 나침반을 차고 적진에 뛰어들어 화공을 하고 무사히 돌아왔다.

화살에 화약봉지와 화승줄을 매어 쏘는 화공은 매우 성공적이었다. 나선의 배에 타기 쉬운 것이 많이 실려 있던 탓이었다. 하지만 화공을 한 병사들이 미처 빠져나오기 전에 배가 폭발할 위험이 있었다. 그 탓에 화공을 감행한 병사들은 일촉즉발의 위기를 겪기도 했다. 하지만 이 화공으로 조청 등의 연합군이 나선을 물리쳤다. 이것이 청이 나선에 거둔 첫번째 승리이자 결정적인 승리였다. 이 승리의 공을 극대화하기 위해 소설 「배시황전」에서는 청이 나선을 공격한 여러 전쟁과 이전에 조선이 참여했던 1차 나선정벌에서 청은 늘 졌으며 막대한 사상자를 냈다고 형상화했다. 과거의 패배와 대비하여 화공을 통한 승리는 더욱 돋보이게 하고, 배시황으로 대표되는 조선군의 공이 드러나게 만든 것이다. 소설에서는 격전이 잦아든 후 청나라 원수는 물론이고 연합군에 속해 있던 여러 나라 장졸들이 앞다투어 조선의 배에 와서 치하하는 장면도 실었다.

여러 나라 장수가 모두 일제히 우리 배로 와서 우리 장수를 둘러 읍하고 통역관을 통해 치사했다. "화공의 기이한 계책이 장군에게서 나오고 토멸의 큰 공이 장군에게 있으니, 이는 하늘이 장군을 주셔서 여러 나라 만인의 생명을 살려내신 것입니다."

「배시황전」이 특별히 집중적으로 형상화한 두번째 요소는 죽은 자들에 대한 안타까운 마음이다. 나선, 즉 러시아군에 승리한 후 조선 병사들은 모두 모여 조선 전사자의 시신을 수습한다.

군졸의 주검이 차고 있는 명패名牌로 우리 병사 98인의 주검을 얻으니, 전에 찾은 아홉 주검과 합해서 모두 107구였다. 이를 전체 명부에 표시한 후에 전사자 명부를 다시 깨끗이 쓰고, 또다시 나무로 명패를 만들어 각각 채우고 각각 무명지 하나씩을 끊어 처음에 찾은 명패에 동여놓고 음식을 베풀고, 신공이 『귀록』을 손으로 펴들어 107인의 성명을 불러 "네 혼백이 이 명패와 이 손가락에 의탁하여 나와 같이 나라에 돌아가서 각각 갈 길로 가거라"라 고하고 드디어 크게 곡을 하니, 군중이 다 울더라.

지금처럼 빠른 운송 수단이 있거나, 발달한 보존 방법이 있다면 시신을 그대로 고국, 가족의 품으로 돌려보내주겠지만 그럴 수 없어서 아끼는 동료, 부하, 동포를 모두 이국 땅에 묻어두고 갈 수밖에 없었던 조선 군사들. 그래서 각 사람의 시신 중에서 손가락 하나, 즉 무명지를 잘라 시신 대신 챙기고는 혼백을 위로하는 제사를 드리는 장면을 묘사한 것이다. 이름표와 손가락을 하나하나 맞추어 챙기는 모습, 그리고 혼백이나마 이 이름표와 손가락에 의지하여 함께 돌아가자는 대장의 말은 비장함을 더하고 있다. 이것이 소설 「배시황전」이 실감나게 전하는 감동이다.

소수라도 누군가는 거기서 죽었다

계승범 교수의 연구(「17세기 중반 나선정벌의 추이와 그 동아시아적 의미」, 『사학연구』 110호, 2013)에 의하면 1차 나선정벌에 조선은 포수 100명을 비롯하여 영장, 군관, 통사 등 152명을 보냈는데 단 한 명의 사상자도 없이 84일간의 원정을 마치고 돌아왔고, 2차 나선정벌에는 포수 200명을 비롯하여 군관, 통사, 화병 등을 포함해 총 261명이 출정했다가 전사자 8명, 중상자 15명, 경상자 11명을 낸 채 돌아왔다고 한다. 5월 2일에 출정하여 8월 27일에 회령으로 귀환했으니, 약 4개월의 원정을 한 셈이다. 그리고 『북정록』에서는 전쟁에서 죽은 한 사람 한 사람의 이름과 죽은 날짜를 기록하여 안타까움을 표현했다.

본격적 싸움이 전개된 한 달 사이 6월 10일에 죽은 일곱 명의 이름이 제일 먼저 나온다. "사망자는 길주의 윤계인·김대충, 부령의 김사림, 회령의 정계룡, 종성의 배명장·유복, 온성의 이응생 등 일곱 명으로 총을 맞아 즉사했고, 그 밖에 청나라 갑군과 사공도 사상자가 속출했다." 이틀 뒤인 6월 12일 일기에 "전날 중상을 입은 온성의 이충인이 세상을 떠났다"는 기록이 나오고 또 8월 15일 일기에 "종성의 말 모는 사람 윤국생이 월초부터 병이 들어 지난 14일 끝내 세상을 떠났다"는 기록이 나온다.

전체 규모로 보면 미미할지라도 그 한 사람 한 사람이 바로 내 아버지이고, 내 아들이고, 내 친족일 때 우리는 차마 "몇 명 안 죽었다"고 말할 수 없다. 그리고 그렇게 떠난 사람이 바로 나일 수도 있었을 것이기에 조선군은 서로 마음 아파하며 동료와 부하의 죽음을 심상히 넘길 수 없었다. 게다가 하고 싶어서 한 전쟁도 아니고 남의 나라에 억지로 끌려와 남을 위한 전쟁중에 죽은 것이기에 그 죽음은 더 안타까웠다.

심한 전쟁이 있었던 다음날인 6월 11일, 가랑비까지 내리던 때에 청나라 대장은 배 한 척을 주면서 전사한 조선 병사들을 화장하라고 했다. 조선 대장 신류는 우리나라 풍속에는 화장하는 법이 없으니 우리나라 법대로 매장하겠다고 주장하여 겨우 허락을 받는다. 그 내용을 쓴 후 신류는 또 이렇게 일기에 적었다. "나는 흑룡강 가의 조금 높은 언덕에 자리를 잡아 그들 일곱 사람을 동향끼리 갈라 묻어주었다. 아아! 멀리 이국땅에 와서 모래벌판 속에 묻힌 몸이 되었으니 참으로 측은한 마음 이를 데가 없구나!" 죽어서나마 같은 고향 사람끼리 외로움을 달래보라는 듯 챙겨 묻어주는 모습이 눈에 선하다. 돌아오는 길에 죽은 윤국생은 그나마 높은 언덕에 묘를 쓸 수도 없어서 길가에 묻어주었다는 기록도 나온다. 귀국이 거의 마무리되는 시점인 8월 22일 일기에 대장은 지난 시간의 일을 돌아보며 죽어서 돌아오지 못한 병사들을 생각한다. 그러고는 이렇게 적었다. "이역 땅에 뼈가 묻힌 죽은 군사들을 생각할 때 나도 모르게 눈물이 옷깃을 적시곤 했다."

전장 속 실존

1차 정벌 때와는 달리, 2차 나선정벌 때에는 조선군이 원병으로 나서면서도 필요한 군량까지 스스로 마련해야 했다. 조선과는 멀리 떨어진 전장으로 식량을 수송하는 일이 만만치 않았는데, 마침 우기를 맞아 길도 진창이라 먹을 것이 부족했던 조선은 청국에 군량을 빌리기도 했다. 그들을 위한 전쟁이었지만, 그들은 또한 빌린 군량을 갚으라고 재촉했다. 그래서 철군을 앞두고 8월 2일에 쓴 일기에 이런 내용이 나온다. "전날 빌린 청국 군량미 중 남은 쌀을 이날 갚았다. 처음 받아올 때 작은 말(小斗)로 받은 것을 오늘 갚을 때는 큰 말(大斗)로 갚으니 그 차액이 열 섬이나 되어 참으로 억울하다."

죽은 사람만 있으랴. 살아 돌아온 사람 중에도 죽지 않았다뿐이지 모진 고난을 겪어야만 했던 이들 또한 많았다. 이역만리로 떠난 외지인은 늘 풍토병의 위협에 시달리기 마련이다. 더구나 전장의 병사들은 항상 죽은 사람의 시신과 온갖 불결한 것에 노출되어서 전염병에 취약했다. 8월 1일 조선군 포수 세 명이 잇달아 앓아누웠는데 그 증세로 보아 전염병인 것 같다는 일기도 있다. "진중에 많은 사람들이 섞여 지내고 있으므로 필시 전염병이 만연할 것"이라고 걱정하는 대목도 나온다.

8월에 조선군이 철군할 때 약 250명이나 되는 조선군에 청군은 겨우 배 세 척을 내주며 돌아가라고 했다. 그래서 할 수 없이 대장을 비롯한 몇몇 군관 및 그 수행원과 취사병, 몇몇 부상병만 배에 탔을 뿐 나머지 군사들은 모두 도보로 귀로에 올랐다. 4일에 출발했는데 11일 일기에 이런 내용도 나온다. "명천 포수 학금이 육로로 가다가 중병이 들어 도저히 걸어갈 수 없어서 같은 고을 출신 포수들이 번갈아 업고 오는 것을 마침 배에서 보고 곧 배 안으로 옮겨 실었다."

명과 청 사이에서 고뇌하는 조선 사대부의 초상

「배시황전」의 배경이 되는 나선정벌 시기의 조선은 명과 청 사이에서 감정이 복잡하던 때였다. 만주에서 흥기한 후금이 청이라는 국호를 확립하고 산해관에 들어가 결국 명의 조정을 무너뜨린 것이 1644년이다. 명의 몇몇 요인들은 남으로 도망하여 남쪽에서 청에 대항하는 투쟁을 했다. 1644년에서 1662년에 이르는 이 시기를 남명南明이라 한다. 러시아와 전쟁을 치른 주요 시기가 1650년

대였던 것을 생각하면 조선의 입장에서는 명이 아예 사라지지도 않은 상태에서 명의 원수인 청의 요구에 따라 그들의 군대가 되어 그들을 위한 전쟁을 해야 했던 셈이었다. 「배시황전」에서 전쟁이 끝난 후 조선으로 돌아가는 길에 대장군 신류가 배시황 앞에서 크게 취하여 하는 말은 그 시기 조선 선비들의 안타까운 심리를 잘 보여준다.

> 하늘이 어찌하여 우리나라 사람이 정성으로 친애하고 떠받드는 곳에는 충성을 바치지 못하게 하고 핍박하고 꾸지람하는 곳에는 충성을 다하게 하는가, 어찌 이렇듯 편벽된가. (…) 러시아를 치는 데 청나라는 (조선을) 징병하여 (조선이 그들과) 합력하기를 바랐을 따름이요, 싸움에 공을 세우고 계책을 성공시키기까지는 바라지 않았는데 (러시아를) 우리 손으로 무찔렀으니, 이 어찌 보통 일이겠는가. 러시아를 이번에 무찌르지 못했다면 또 청나라의 징병을 당했을 것이니, 우리나라는 무슨 신세가 이러하며, 명나라 유민이 당하는 재앙은 또 어떠하겠는가.

신류는 명이 아니라 청을 위해 싸워야 하는 신세를 한탄했다. 그러면서 청이 조선을 부른 것은 그저 힘을 보태라는 것뿐이었을 텐데 조선군은 큰 공까지 세웠다고 했다. 그러면서 그 공의 의의를 더욱 구체적으로 이야기하는데, 첫째는 조선이 다시 청의 징병을 당하지 않게 한 것이요, 둘째는 러시아가 중원까지 내려오지 못하게 하여 중원에 남아 있는 명나라 유민이 화를 당하지 않게 했다는 것이다. 조선군의 전력에 대한 자부심과 명에 대한 마음씀씀이를 그대로 드러낸 것이다. 여기서 그치지 않고 좀더 구체적으로 명을 언급하기도 한다.

지금 명나라 천자 영력황제가 계시다고 하는데, 충신 열사가 구름처럼 모여서 피를 쏟으며 통곡하지만 끝내 일을 일으킴이 없으므로, 심지어 원수진 적이 있는 일본국에까지 병사를 청하자는 의론이 있다 한다. 그런데 은혜 입은 것이 끝없는 우리 조선은, 청나라의 징병을 받아 조대수祖大壽의 진을 함몰시켰다고 해서 우리 조선을 징병할 뜻을 내지 않으시는가. 지금 성주星州 포수 이사룡李士龍 같은 이들이 한둘이 아니니, 만일 남중南中, 남으로 도피한 명나라 황제의 조정이 주사舟師, 수군 병사를 부르시면 조선 조정이 필연코 보낼 것인데, 그 일 더욱 서럽도다. 어느 날에나 연경으로 돌아오실까.

조대수는 홍타이지의 공격에 맞서 명나라 금주를 지키던 장수다. 조선은 청의 요구에 따라 이 전쟁에 원병을 파병했고, 청은 결국 명을 이겼다. 위 기록에서는 남명의 황제와 그들 밑으로 모여드는 사람들이 벌이는 명 회복운동에 일말의 희망을 걸고 있는 조선의 시선이 보인다. 남명 황제 밑으로 사람들은 모여 통곡하지만 오직 그뿐 오죽 급하면 황제가 전에 조선에서 적으로 맞붙어 싸웠던 왜에까지 원병을 청할 생각을 하겠냐며 안타까운 마음을 표현했다. 그러고는 "우리를 부르시면 우리는 반드시 갈 텐데. 우리에게는 솜씨 있는 병사들이 많은데…… 우리 조선은 원수인 청의 징병에나 응하므로 우리에게는 원병을 청하지 않으시는가" 하며 서운한 마음과 미안한 마음을 그대로 드러냈다.

명이 아닌 청의 명령에 복종하여 징병당할 수밖에 없는 현실과 청을 도울 수밖에 없는 데서 생겨난 자괴감이 짙게 드러난다. 명에는 부채의식이 있기에 명의 상황을 예의 주시하면서도 남명 황제 밑에 모인 인사들이 통곡만 할 뿐 아무

것도 못하고 있는 것을 보며 전세가 기울었음을 씁쓸히 인정할 수밖에 없는 착잡한 심리도 나타난다. 이것은 「배시황전」의 등장인물 신류만이 아니라 조선 사대부의 심리를 대변하는 한탄이었던 것이다.

청을 향한 불편한 심리

개인의 일기인 『북정록』에는 청의 장수를 보는 부정적 시각이 그대로 드러나기도 한다. 2차 나선정벌 기간은 몇 달에 걸쳐서 기록되어 있지만 실제로 치열한 싸움을 한 날은 단 하루, 즉 6월 10일이라고 할 수 있다. 이날 기록에 이런 대목이 나온다.

> 아침 일찍 열벌 마을을 출범出帆하여 흑룡강구를 지나 20여 리를 내려갔을 때 드디어 적의 선단과 맞부딪쳤다. (…) 우리 배들이 적의 배를 포위하고 쇠갈고랑이를 던져 끌어당긴 뒤 포수들이 적의 배에 올라가 불을 질러 태우려고 한즉, 대장은 불태우지 말라고 긴급명령을 내렸다. (…) 만약 여세를 몰아 일시에 적의 배들을 불태웠더라면 적병 중에 살아남은 자는 한 사람도 없었을 것이고 우리 또한 손실이 없었을 터인데, 대장이 탐재지심貪財之心으로 불태우지 말라고 무모한 명령을 내린 것은 매우 유감스러운 처사였다. 적선에 올라탔던 포수들과 사수들이 다시 원래의 배로 돌아와 계속 포위하고 있을 때 적과 우리의 거리는 불과 한 걸음 정도에 불과할 만큼 가까워졌으며, 이때 배 안에 숨어 있던 적병들이

연속으로 사격해와 우리는 적지 않은 사상자를 내게 되었다.

양측 배가 접전하는 가운데 드디어 조청 등의 연합군이 러시아 배를 제압할 무렵 화공을 통해 적의 배를 태워버리려 했으나 대장이 탐재지심, 즉 노략물을 탐하는 마음에 배를 태우지 말라고 한 탓에 병사들이 다시 돌아왔다가 오히려 많은 사상자를 냈다고 울분을 토하고 있다. 다음날 기록에도 같은 논조의 이야기가 나온다. “대장은 노획한 적선을 온통 수색하여 많은 재물을 앗아갔으며 또 여러 군사들이 얻은 물건도 모조리 거두어갔다. 우리 조선 군사의 노획품은 조총밖에 없었는데 이것도 모두 그에게 빼앗기고 말았다.” 남의 전쟁에 참여한 마당에 ‘조총’이라도 챙겨 조선의 무기를 발전시켜보고자 했던 듯하나 그것마저 빼앗기고 나자 분노가 또 한번 폭발했다. 또 그다음 날에는 싸움에서 중상을 입은 이충인의 죽음을 기록하면서 어제 바로 전쟁터를 떠날 수 있었는데 “이날 전쟁터에 계속 머문 것은 여러 오랑캐들이 서로 전공을 다투느라 논공이 지연되었기 때문이라 한다”고 썼다. 더이상의 언급은 없으나 청나라 사람의 물욕에 대한 지적뿐만 아니라 청에 대한 반발, 미움의 심리가 고스란히 묻어난다.

역사는 이어진다

17세기 중반까지도 조선 사대부들이 혹시나 하는 마음으로 그토록 명의 재기를 바랐건만 그 꿈은 이루어지지 못한 채 결국 중원의 새 주인은 청으로 바뀌었다. 하지만 청의 역사 역시 순탄하지만은 않았다. 조선이 참여한 1, 2차 나선 전쟁 이후에도 청은 러시아와 전쟁을 계속했다. 그래서 2차 나선정벌이 있은 지 30여 년 뒤인 1689년에 네르친스크 조약이 이루어진다. 청과 러시아의 이 조약에 따라 두 나라는 흑룡강을 경계로 국경을 마주하게 된 것이다.

또 이 조약은 이후 계속 유효하다가 제국주의 시대를 맞아 결국 1860년 베이징 조약에 따라 러시아가 연해주를 차지하는 것으로 바뀌었으며, 이에 따라 조선은 러시아와 국경을 마주하게 되었다. 러시아와 우리나라의 관계를 따지는 사람들은 흔히 베이징 조약 이후만을 말하거나 혹은 한국전쟁 이후만을 말한다. 하지만 러시아와 우리의 관계는 이미 17세기 초반 나선정벌에서부터 시작된 것은 아닐까. 이러한 역사가 오늘까지 이어져 다시금 옛일을 의미심장하게 돌아보게 만드는 것은 아닐까.

찾아보기

나라가 버린 사람들
논개부터 임경업까지 소설로 기억된 조선시대 전쟁과 인간

초판 인쇄 2014년 9월 5일
초판 발행 2014년 9월 15일

지은이 서신혜 | 펴낸이 강병선
기획·책임편집 구민정 | 편집 오경철 | 모니터링 김경범
디자인 김선미 이주영 | 마케팅 정민호 이연실 정현민 지문희 김주원
온라인마케팅 김희숙 김상만 한수진 이천희 | 제작 강신은 김동욱 임현식 | 제작처 한영문화사

펴낸곳 (주)문학동네
출판등록 1993년 10월 22일 제406-2003-000045호
주소 413-120 경기도 파주시 회동길 210
전자우편 editor@munhak.com | 대표전화 031) 955-8888 | 팩스 031) 955-8855
문의전화 031) 955-1933(마케팅), 031) 955-2671(편집)
문학동네카페 http://cafe.naver.com/mhdn
문학동네트위터 @munhakdongne

ISBN 978-89-546-2565-4 03910

* 이 도서의 국립중앙도서관 출판시도서목록(CIP)은 서지정보유통지원시스템 홈페이지(http://seogi.nl.go.kr)와 국가자료공동목록시스템(http://www.nl.go.kr/kolisnet)에서 이용하실 수 있습니다. (CIP제어번호: CIP2014024351)

www.munhak.com